DR. OETKER

DIE ALLERBESTEN

REZEPTE FÜR DEN RÖMERTOPF

GEMÜSE-FISCH-EINTOPF, PUTENCHILI, NEKTARINEN-JOHANNISBEER-CRUMBLE ...

WILHELM HEYNE VERLAG
MÜNCHEN

Vorwort

So einfach und stressfrei kann Kochen sein: die vorbereiteten Zutaten in den gewässerten RÖMERTOPF® geben, Deckel zu und ab in den Backofen. Und während das Gericht seiner Vollendung entgegenschmurgelt, haben Sie Zeit für andere Dinge.
Ein weiteres Plus ist, dass durch das schonende Garen im RÖMERTOPF® neben dem Aroma der Zutaten auch Vitamine und Mineralstoffe erhalten bleiben. Nicht umsonst ist die Idee des Garens im Tontopf bereits über 2000 Jahre alt.
Für alle Anhänger des Kochens im RÖMERTOPF® und alle, die es werden wollen, haben wir in diesem Römertopf-Buch eine Fülle kreativer Rezepte für Gerichte mit Fleisch, Fisch und Gemüse, Süßspeisen und Brote zusammengestellt. So können Sie Genuss und Gesundheit problemlos kombinieren.

Abkürzungen

EL = Esslöffel

TL = Teelöffel

Msp. = Messerspitze

Pck. = Packung/Päckchen

g = Gramm

kg = Kilogramm

ml = Milliliter

l = Liter

evtl. = eventuell

geh. = gehäuft

gestr. = gestrichen

TK = Tiefkühlprodukt

°C = Grad Celsius

Ø = Durchmesser

E = Eiweiß

F = Fett

Kh = Kohlenhydrate

kcal = Kilokalorien

kJ = Kilojoule

Hinweise zu den Rezepten

Die Rezepte sind – wenn nicht anders angegeben – für 4 Personen berechnet. Der RÖMERTOPF® muss vor Benutzung immer gewässert werden. Es dürfen keine heißen Flüssigkeiten in den kalten und keine kalten Flüssigkeiten in den heißen RÖMERTOPF® gefüllt werden. Lesen Sie vor der Zubereitung das Rezept einmal vollständig durch. Oft werden Arbeitsabläufe und Zusammenhänge dann klarer. Die in den Rezepten angegebenen Gartemperaturen und -zeiten sind Richtwerte, die je nach individueller Hitzeleistung des Backofens über- oder unterschritten werden können. Wählen Sie bei Gasherden zunächst die niedrigste Temperaturstufe und schalten dann langsam auf die Garstufe hoch.

Zubereitungszeiten

Die Zubereitungszeit ist ein Anhaltswert für die Zeit für Vorbereitung und die eigentliche Zubereitung (incl. Gar- und Backzeiten). Längere Wartezeiten wie z. B. Kühl- und Marinierzeiten sind nicht einbezogen.

Swing
Dessert

Kapitelübersicht

Kapitelübersicht

Suppen & Eintöpfe

Grüner Schmortopf

Zutaten
- 2 Salatgurken (700 g)
- 2 Zucchini (400 g)
- 100 g Staudensellerie
- 250 g TK-dicke-Bohnen
- 2 TL Senfkörner
- 1 gestr. TL Salz
- 20 g Butter
- 250 g Blattspinat
- 150 g rote Zwiebeln
- 1 EL Speiseöl
- 1 EL Zucker
- Salz
- frisch gemahlener Pfeffer
- geriebene Muskatnuss
- 1 Becher (150 g) Crème fraîche

Zubereitungszeit:
90 Minuten, ohne Durchziehzeit

Pro Portion:
E: 12 g, F: 20 g, Kh: 23 g, kJ: 1410, kcal: 336

VEGETARISCH

1 Gurken schälen, längs halbieren, entkernen und in etwa 1 cm dicke Streifen schneiden. Zucchini waschen, abtrocknen, die Enden abschneiden, Zucchini längs halbieren und in 1 cm breite Scheiben schneiden. Staudensellerie putzen, waschen, die harten Außenfäden abziehen und die Stangen in 1 cm breite Stücke schneiden.

2 Gurken, Zucchini, Sellerie, dicke Bohnen, Senfkörner und Salz im gewässerten Römertopf mischen und etwa 15 Minuten Saft ziehen lassen.

3 Butter in Flöckchen darauf verteilen. Den Römertopf mit dem Deckel verschließen und auf dem Rost in den kalten Backofen schieben.

Ober-/Unterhitze: etwa 200 °C
Heißluft: etwa 180 °C
Gas: Stufe 3–4
Garzeit: etwa 60 Minuten.

4 In der Zwischenzeit Spinat verlesen, waschen, abtropfen lassen, die Blätter von den Stielen zupfen und in breite Streifen schneiden. Zwiebeln abziehen und in Ringe schneiden.

5 Nach Beendigung der Garzeit Spinatstreifen unter den Eintopf mischen. Den Römertopf wieder mit dem Deckel verschließen und für weitere 10 Minuten in den ausgeschalteten Backofen schieben.

6 Öl in einer Pfanne erhitzen. Zwiebelringe darin anbraten. Zucker darauf streuen und karamellisieren lassen. Den Schmortopf mit Salz, Pfeffer und Muskat abschmecken. Mit Crème fraîche und den karamellisierten Zwiebelringen anrichten.

Spanische Gemüsesuppe

Zutaten

175 g Möhren
125 g weiße Rübchen
100 g Knollensellerie
200 g Kartoffeln
200 g Porree (Lauch)
1 kleine Zucchini (200 g)
100 g grüne Bohnen
1 Zwiebel
Salz
frisch gemahlener Pfeffer
geriebene Muskatnuss
1 l Gemüsefond oder -brühe
80 g Butter
4 Scheiben Weißbrot
2 Salatblätter, z. B. Römersalat
1 Bund Kerbel

Zubereitungszeit:
2 Stunden

Pro Portion:
E: 7 g, F: 18 g, Kh: 44 g, kJ: 1461, kcal: 348

VEGETARISCH

1 Möhren, Rübchen und Sellerie putzen, schälen und waschen. Kartoffeln waschen, schälen und abspülen. Porree putzen, die Stangen längs halbieren und gründlich waschen. Zucchini waschen, abtrocknen und die Enden abschneiden. Das Gemüse in feine Streifen schneiden.

2 Von den Bohnen die Enden abschneiden, die Bohnen evtl. abfädeln, waschen, abtropfen lassen und halbieren. Zwiebel abziehen, halbieren und ebenfalls in Streifen schneiden.

3 Das vorbereitete Gemüse in dem gewässerten Römertopf mischen und mit Salz, Pfeffer und Muskat würzen. Gemüsefond oder -brühe darüber gießen. 30 g Butter in Flöckchen darauf verteilen. Den Römertopf mit dem Deckel verschließen und auf dem Rost in den kalten Backofen schieben.

Ober-/Unterhitze: etwa 200 °C
Heißluft: etwa 180 °C
Gas: Stufe 3–4
Garzeit: etwa 60 Minuten.

4 In der Zwischenzeit Brotscheiben entrinden und in Würfel schneiden. Die restliche Butter in einer Pfanne erhitzen. Die Brotwürfel darin goldbraun rösten, herausnehmen und abkühlen lassen.

5 Salatblätter putzen, waschen, abtropfen lassen und in Streifen schneiden. Kerbel abspülen, trockentupfen und die Blättchen von den Stängeln zupfen.

6 Salatstreifen in die fertige Suppe rühren. Die Suppe mit Kerbelblättern bestreuen und mit den Weißbrotwürfeln servieren.

Frischkäsesuppe mit Frühlingszwiebeln

Zutaten

2 Zwiebeln (150 g)
200 g durchwachsener Speck
300 g mehlig kochende Kartoffeln
Salz
frisch gemahlener Pfeffer
1 l Gemüsebrühe
1 Bund Frühlingszwiebeln (200 g)
1 Bund Schnittlauch
200 g Doppelrahm-Frischkäse

Zubereitungszeit:
75 Minuten

Pro Portion:
E: 13 g, F: 50 g, Kh: 19 g, kJ: 2521, kcal: 601

EINFACH

1 Zwiebeln abziehen und fein würfeln. Speck ebenfalls in feine Würfel schneiden. Kartoffeln waschen, schälen und abspülen.

2 Zwiebeln und Speck in den gewässerten Römertopf geben. Kartoffeln grob raspeln und hinzufügen. Die Zutaten im Topf mischen und mit Salz und Pfeffer würzen. Gemüsebrühe darüber gießen. Den Römertopf mit dem Deckel verschließen und auf dem Rost in den kalten Backofen schieben.

Ober-/Unterhitze: etwa 200 °C
Heißluft: etwa 180 °C
Gas: Stufe 3–4
Garzeit: etwa 60 Minuten.

3 In der Zwischenzeit Frühlingszwiebeln putzen, waschen und in Ringe schneiden. Nach etwa 45 Minuten Garzeit Frühlingszwiebelringe in den Römertopf geben. Das Ganze im geschlossenen Topf fertig garen.

4 Schnittlauch abspülen, trockentupfen und in Röllchen schneiden. Frischkäse in die fertige Suppe rühren und schmelzen lassen. Die Suppe mit Salz und Pfeffer abschmecken und mit Schnittlauch bestreut servieren.

Fischeintopf mit Gemüse

Zutaten

120 g Naturreis (Vollkornreis)
600 ml kochendes Wasser
250 g Möhren
250 g Porree (Lauch)
250 g Staudensellerie
2–3 Knoblauchzehen
1 Gemüsezwiebel (300 g)
1–2 Pck. Safran
1 Glas Fischfond (400 ml)
1 Pck. TK-Fischfilet, z. B. Kabeljau- oder Rotbarschfilet
8 Scheiben Baguette
20 g Kräuterbutter
Salz
frisch gemahlener Pfeffer

Zubereitungszeit:
100 Minuten

Pro Portion:
E: 29 g, F: 5 g, Kh: 50 g,
kJ: 1592, kcal: 380

FÜR GÄSTE

1 Reis mit dem kochenden Wasser übergießen und etwa 30 Minuten quellen lassen.

2 In der Zwischenzeit Möhren putzen, schälen und waschen. Porree putzen und waschen. Staudensellerie putzen, waschen und die harten Außenfäden abziehen. Möhren und Sellerie schräg in Scheiben, Porree schräg in Ringe schneiden. Knoblauch und Zwiebel abziehen. Zwiebel würfeln, Knoblauch in Scheiben schneiden.

3 Das vorbereitete Gemüse mit Safran, Fischfond und Reis mit dem Einweichwasser in den gewässerten Römertopf geben und umrühren. Den Topf mit dem Deckel verschließen und auf dem Rost in den kalten Backofen schieben.

Ober-/Unterhitze: etwa 200 °C
Heißluft: etwa 180 °C
Gas: etwa Stufe 4
Garzeit: etwa 60 Minuten.

4 Inzwischen das Fischfilet antauen lassen. Die Baguettescheiben mit Kräuterbutter bestreichen. Den Fisch in Scheiben schneiden.

5 Nach Beendigung der Garzeit den Eintopf mit Salz und Pfeffer würzen, die Fischscheiben unterheben und das Brot darauf legen. Den Eintopf ohne Deckel überbacken.

Ober-/Unterhitze: etwa 230 °C
Heißluft: etwa 200 °C
Gas: etwa Stufe 5
Garzeit: 3–5 Minuten.

Chili con carne

Zutaten

je 125 g getrocknete schwarze und rote Bohnen
500 ml (½ l) kaltes Wasser
700 g Rindernacken (ohne Knochen)
2 Zwiebeln (100 g)
1 Knoblauchzehe
1 Lorbeerblatt
2 Gewürznelken
Salz
frisch gemahlener Pfeffer
½ TL Chilipulver
1 EL Paprikapulver edelsüß
2 rote Paprikaschoten (350 g)
1 Dose Gemüsemais (Abtropfgewicht 140 g)
1 Dose geschälte Tomaten (Abtropfgewicht 250 g)
2 EL Tomatenmark
125 ml (⅛ l) Rotwein

Zubereitungszeit:
2 ¼ Stunden, ohne Quellzeit

Pro Portion:
E: 53 g, F: 25 g, Kh: 40 g, kJ: 2772, kcal: 66

KLASSISCH

1 Beide Bohnensorten zusammen mit dem Wasser in eine Schüssel geben. Bohnen zugedeckt etwa 12 Stunden quellen lassen.

2 Rindfleisch unter fließendem kalten Wasser abspülen, trockentupfen und in etwa 2 cm große Würfel schneiden. Zwiebeln und Knoblauch abziehen. Zwiebeln grob und Knoblauch fein würfeln.

3 Die Bohnen zusammen mit dem Einweichwasser (etwa 250 ml), Fleisch, Zwiebeln, Knoblauch, Lorbeerblatt und Nelken in dem gewässerten Römertopf mischen. Mit Salz, Pfeffer, Chilipulver und Paprikapulver würzen. Den Römertopf mit dem Deckel verschließen und auf dem Rost in den kalten Backofen schieben.

Ober-/Unterhitze: etwa 220 °C
Heißluft: etwa 200 °C
Gas: Stufe 4–5
Garzeit: etwa 1 ¾ Stunden.

4 In der Zwischenzeit Paprikaschoten halbieren, entstielen, entkernen, die weißen Scheidewände entfernen, die Schoten waschen und in Würfel schneiden. Mais in ein Sieb geben, abspülen und abtropfen lassen. Tomaten mit Hilfe einer Gabel in der Dose zerkleinern.

5 Nach 75 Minuten Garzeit Paprikawürfel, Mais, Tomaten, Tomatenmark und Rotwein unter das Chili mischen und im geschlossenen Topf fertig garen.

6 Das Chili mit Salz und Pfeffer abschmecken.

Tipp: *Das Chili mit Reis servieren und mit je 1 Teelöffel Crème fraîche verzieren.*

Eintopf mit Steinpilzen und Grünkern

Zutaten

1 Tüte getrocknete Steinpilze (10 g)
70 g Grünkernkörner (Reformhaus)
1 l Gemüsebrühe
1 Lorbeerblatt
250 g Möhren
350 g Steckrübe
250 g Porree (Lauch)
300 g feines Kalbsbrät
½ Bund glatte Petersilie
Salz
frisch gemahlener Pfeffer
geriebene Muskatnuss

Zubereitungszeit:
90 Minuten

Pro Portion:
E: 21 g, F: 11 g, Kh: 17 g,
kJ: 1129, kcal: 269

RAFFINIERT

1 Steinpilze in ein Sieb geben, kalt abspülen und abtropfen lassen. Grünkern, Gemüsebrühe, Steinpilze und Lorbeerblatt in den gewässerten Römertopf geben. Den Topf mit dem Deckel verschließen und auf dem Rost in den kalten Backofen schieben.

Ober-/Unterhitze: etwa 200 °C
Heißluft: etwa 180 °C
Gas: Stufe 3–4
Garzeit: etwa 80 Minuten.

2 In der Zwischenzeit Möhren und Steckrübe putzen, schälen, waschen und in 2–3 cm lange Stifte schneiden. Porree putzen, die Stangen längs halbieren, waschen und quer in halbe Ringe schneiden.

3 Nach etwa 40 Minuten Garzeit Möhren- und Steckrübenstifte und Porreeringe in den Römertopf geben und unterheben. Aus dem Kalbsbrät mit nassen Händen kleine Klöße formen und auf dem Eintopf verteilen. Den Eintopf im geschlossenen Topf fertig garen.

4 Petersilie abspülen, trockentupfen, die Blättchen von den Stängeln zupfen und in Streifen schneiden. Den garen Eintopf mit Salz, Pfeffer und Muskat würzen und mit Petersilie bestreuen.

Tipp: *300 g feines Kalbsbrät entsprechen 3 ungebrühten Kalbsbratwürsten.*

Spanischer Bohnentopf

Zutaten

800 g ausgelöster Schweinenackenbraten
3–4 Knoblauchzehen
1 EL Salz
200 g getrocknete, weiße Bohnen
250 ml (¼ l) Wasser
150 g Zwiebeln
250 ml (¼ l) Gemüsebrühe
500 g Mangold
1 TL Zitronensaft
250 g Tomaten
1 Bund Minze
Salz
frisch gemahlener Pfeffer

Zubereitungszeit:
90 Minuten, ohne Durchzieh- und Einweichzeit

Pro Portion:
E: 52 g, F: 28 g, Kh: 35 g, kJ: 2632, kcal: 627

DAUERT LÄNGER

1 Fleisch unter fließendem kalten Wasser abspülen und trockentupfen. Knoblauch abziehen, durch die Knoblauchpresse drücken und mit dem Salz mischen. Das Fleisch rundherum mit dem Knoblauchsalz einreiben und für mindestens 8 Stunden in den Kühlschrank stellen.

2 Bohnen mit dem Wasser bedecken und mindestens 8 Stunden einweichen.

3 Zwiebeln abziehen und in Spalten schneiden. Bohnen abgießen, abspülen und abtropfen lassen. Bohnen und Zwiebeln in dem gewässerten Römertopf mischen. Das Fleisch darauf legen. Gemüsebrühe dazugießen. Den Römertopf mit dem Deckel verschließen und auf dem Rost in den kalten Backofen schieben.

Ober-/Unterhitze: etwa 200 °C
Heißluft: etwa 180 °C
Gas: Stufe 3–4
Garzeit: etwa 60 Minuten.

4 In der Zwischenzeit Mangold putzen, gründlich waschen und abtropfen lassen. Die Blätter von den Stielen schneiden und beiseite legen. Die Stiele abziehen, quer in feine Streifen schneiden und mit Zitronensaft mischen.

5 Nach etwa 50 Minuten Garzeit die Mangoldstiele in den Römertopf geben und unterrühren. Das Ganze im geschlossenen Topf fertig garen.

6 Tomaten waschen, halbieren, die Stängelansätze entfernen und Tomaten in Spalten schneiden. Mangoldgrün in Streifen schneiden. Minze abspülen, trockentupfen, die Blättchen von den Stängeln zupfen und hacken (einige zum Garnieren zurücklassen).

7 Nach Beendigung der Garzeit das Fleisch aus dem Topf nehmen und warm stellen. Mangoldgrün, Tomaten und Minze unter das Gemüse heben. Den Römertopf wieder mit dem Deckel verschließen und für weitere 10 Minuten in den ausgeschalteten Backofen schieben.

(Fortsetzung Seite 22)

(Fortsetzung von Seite 20)

8 Das Gemüse mit Salz und Pfeffer abschmecken. Fleisch aufschneiden, auf dem Gemüse anrichten und mit der restlichen Minze garnieren.

Tipp: *Anstelle der frischen Minze 2 Teelöffel getrocknete Minze oder getrockneten Thymian verwenden.*

Scharfer Sellerie-Pfeffer-Topf

Zutaten

- 300 g TK-Muschelfleisch
- 800 g Staudensellerie
- 1 Knoblauchzehe
- 1 TL eingelegte, grüne Pfefferkörner (aus dem Glas)
- 1 TL getrocknete, rosa Pfefferbeeren
- ½–1 TL Sambal Oelek
- Salz
- 500 ml (½ l) Gemüsebrühe
- 3 EL Olivenöl
- 2 dicke Scheiben gekochter Schinken (400 g)
- ½ Bund glatte Petersilie

Zubereitungszeit:
75 Minuten

Pro Portion:
E: 33 g, F: 24 g, Kh: 15 g,
kJ: 1747, kcal: 417

RAFFINIERT

1 Muschelfleisch bis zur weiteren Verwendung auftauen lassen. Staudensellerie putzen, waschen, die harten Außenfäden abziehen und die Stangen in Würfel schneiden. Knoblauch abziehen und fein würfeln. Grüne Pfefferkörner abspülen und abtropfen lassen.

2 Sellerie, Knoblauch, Pfefferkörner und -beeren in den gewässerten Römertopf geben und mit Sambal Oelek und etwas Salz mischen. Gemüsebrühe darüber gießen. Öl darauf träufeln. Den Römertopf mit dem Deckel verschließen und auf dem Rost in den kalten Backofen schieben.

Ober-/Unterhitze: etwa 200 °C
Heißluft: etwa 180 °C
Gas: Stufe 3–4
Garzeit: etwa 60 Minuten.

3 In der Zwischenzeit Schinken in etwa 1 cm große Würfel schneiden. Nach etwa 45 Minuten Garzeit Schinken und Muschelfleisch in den Römertopf geben. Das Ganze im geschlossenen Topf fertig garen.

4 Petersilie abspülen, trockentupfen, die Blättchen von den Stängeln zupfen und hacken. Den Eintopf mit Salz und Sambal Oelek abschmecken und mit Petersilie bestreuen.

Tipp: *Dazu passt Reis.*

Tomateneintopf mit Grießklößen

Zutaten

3 Zwiebeln (150 g)
2 Knoblauchzehen
1 kg Fleischtomaten
1 Chorizo (spanische Paprikawurst, 225 g)
500 ml (½ l) Gemüsebrühe
250 ml (¼ l) Wasser
1 EL Olivenöl
80 g Hartweizengrieß
Salz
geriebene Muskatnuss
1 Ei (Größe M)
350 g gelbe Zucchini
1 Bund Oregano
1 Prise Zucker
30 g geriebener, alter Gouda-Käse

Zubereitungszeit:
1 ¾ Stunden

Pro Portion:
E: 23 g, F: 30 g, Kh: 27 g, kJ: 2073, kcal: 496

RAFFINIERT

1 Zwiebeln und Knoblauch abziehen und fein würfeln. Tomaten waschen, Stängelansätze herausschneiden und Tomaten grob würfeln. Wurst in Scheiben schneiden.

2 Die vorbereiteten Zutaten mit Gemüsebrühe in dem gewässerten Römertopf mischen. Den Römertopf mit dem Deckel verschließen und auf dem Rost in den kalten Backofen schieben.

Ober-/Unterhitze: etwa 200 °C
Heißluft: etwa 180 °C
Gas: Stufe 3–4
Garzeit: etwa 75 Minuten.

3 In der Zwischenzeit Wasser und Öl in einem Topf aufkochen. Grieß einrühren und kurz aufkochen lassen. Den Topf von der Kochstelle ziehen. Grieß mit Salz und Muskat würzen und Ei unterrühren. Die Grießmasse etwas abkühlen lassen.

4 Zucchini waschen, abtrocknen, die Enden abschneiden und Zucchini in Stücke schneiden. Oregano abspülen, trockentupfen, die Blättchen von den Stängeln zupfen und hacken.

5 Nach etwa 60 Minuten Garzeit Zucchini und Oregano unter das Gemüse rühren und mit Salz und Zucker abschmecken. Aus der Grießmasse mit Hilfe von zwei angefeuchteten Teelöffeln Klöße abstechen und auf den Eintopf setzen. Klöße mit Gouda bestreuen. Den Eintopf ohne Deckel fertig garen.

Tipp: *Chorizo ist eine sehr scharfe, spanische Paprikawurst. Sie können auch ersatzweise Cabanossi (italienische Knoblauchwürstchen) verwenden, die milder im Geschmack sind.*

Reisbällchen-Topf

Zutaten

70 g Reis (parboiled)
250 g Möhren
1 Stange Porree (Lauch, 200 g)
250 g Knollensellerie
2 Gläser (je 400 ml) Gemüsefond
1 EL Olivenöl
200 g feines Kalbsbrät
½ Bund Kerbel
Salz
frisch gemahlener Pfeffer
geriebene Muskatnuss

Zubereitungszeit:
1 ¾ Stunden

Pro Portion:
E: 11 g, F: 16 g, Kh: 23 g, kJ: 1174, kcal: 280

FÜR KINDER

1 Reis in 150 ml kochendes Salzwasser geben und nach Packungsanleitung bissfest garen. So lange offen weitergaren, bis die Flüssigkeit verdampft ist. Anschließend etwas abkühlen lassen.

2 Möhren putzen, schälen und waschen. Porree putzen, die Stange längs halbieren und waschen. Sellerie putzen, schälen und waschen. Das Gemüse in etwa 3 cm lange Streifen schneiden und mit Gemüsefond und Öl in dem gewässerten Römertopf mischen.

3 Kalbsbrät und den abgekühlten Reis verrühren. Aus der Masse mit nassen Händen kleine Bällchen formen und auf das Gemüse in den Topf geben. Den Römertopf mit dem Deckel verschließen und auf dem Rost in den kalten Backofen schieben.

Ober-/Unterhitze: etwa 200 °C
Heißluft: etwa 180 °C
Gas: Stufe 3–4
Garzeit: etwa 60 Minuten.

4 Kerbel abspülen, trockentupfen und die Blättchen von den Stängeln zupfen. Den Eintopf mit Salz, Pfeffer und Muskat würzen und mit Kerbelblättchen bestreuen.

Tipp: *200 g feines Kalbsbrät entspricht 2 ungebrühten Kalbsbratwürsten.*
Parboiled Reis wird mit Wasser, Wärme und Druck vorbehandelt. Dabei dringt ein Teil der im Silberhäutchen enthaltenen Vitamine des B-Komplexes in das Korn ein und bleibt beim anschließenden Schleifen und Polieren erhalten. Durch diese Behandlung gehen nur wenig Vitalstoffe verloren, außerdem verbessern sich die Kocheigenschaften, der Reis bleibt beim Wiederaufwärmen körnig.

Scharfes Putenchili

Zutaten

400 g Putenbrustfilet
je 1 rote, grüne und gelbe Paprikaschote (etwa 500 g)
400 g Kartoffeln
100 ml chinesische Chilisauce, süß-pikant
100 ml Wasser
1 Dose abgezogene Tomaten (240 g)
30 g Tomatenmark
150 g Tomatenketchup
Salz
frisch gemahlener Pfeffer
Sambal Oelek

Zubereitungszeit:
90 Minuten

Pro Portion:
E: 29 g, F: 2 g, Kh: 35 g,
kJ: 1212, kcal: 288

FÜR GÄSTE

1 Putenbrustfilet unter fließendem kalten Wasser abspülen, trockentupfen und in kleine Würfel schneiden. Paprikaschoten halbieren, entstielen, entkernen, die weißen Scheidewände entfernen, die Schoten waschen und würfeln. Kartoffeln waschen, schälen, abspülen und ebenfalls in Würfel schneiden.

2 Fleischwürfel und das vorbereitete Gemüse in den gewässerten Römertopf geben. Chilisauce und Wasser hinzufügen und alle Zutaten vermischen.

3 Den Römertopf mit dem Deckel verschließen und auf dem Rost in den kalten Backofen schieben.

Ober-/Unterhitze: etwa 220 °C
Heißluft: etwa 200 °C
Gas: Stufe 4–5
Garzeit: etwa 60 Minuten.

4 Tomaten in der Dose mit einer Gabel grob zerkleinern. Nach Beendigung der Garzeit Tomaten, Tomatenmark und Ketchup unter das Chili mischen. Den Römertopf wieder mit dem Deckel verschließen und für weitere 10 Minuten in den ausgeschalteten Backofen schieben.

5 Das Putenchili mit Salz, Pfeffer und Sambal Oelek scharf abschmecken.

Tipp: *Anstelle von Putenbrust können Sie auch Hähnchenbrustfilet verwenden.*

Kürbis-Linsen-Eintopf

Zutaten

- 3 Zwiebeln (150 g)
- 2 Knoblauchzehen
- 500 g Kürbis
- 200 g Staudensellerie
- 450 g Kartoffeln
- 100 g Tellerlinsen
- Salz
- frisch gemahlener Pfeffer
- 1 l Gemüsebrühe
- 4 EL Kürbiskernöl
- 200 g Wiener Würstchen
- 1 Bund Zitronenthymian

Zubereitungszeit:
1 ¾ Stunden

Pro Portion:
E: 20 g, F: 27 g, Kh: 42 g, kJ: 2090, kcal: 497

EINFACH

1 Zwiebeln und Knoblauch abziehen und fein würfeln. Kürbis entkernen, schälen und in Stücke schneiden. Staudensellerie putzen, waschen, die harten Außenfäden abziehen und die Stangen in Würfel schneiden. Kartoffeln waschen, schälen, abspülen und ebenfalls würfeln.

2 Die vorbereiteten Zutaten mit den Linsen in dem gewässerten Römertopf mischen und mit Salz und Pfeffer würzen. Gemüsebrühe und 2 Esslöffel Öl dazugeben und unterrühren. Den Römertopf mit dem Deckel verschließen und auf dem Rost in den kalten Backofen schieben.

Ober-/Unterhitze: etwa 200 °C
Heißluft: etwa 180 °C
Gas: Stufe 3–4
Garzeit: etwa 90 Minuten.

3 In der Zwischenzeit Würstchen in Scheiben schneiden. Zitronenthymian abspülen, trockentupfen und die Blättchen von den Stängeln zupfen.

4 Nach etwa 75 Minuten Garzeit Würstchen und Zitronenthymian in den Eintopf rühren und das Ganze im geschlossenen Topf fertig garen.

5 Den Eintopf mit Salz und Pfeffer abschmecken und mit dem restlichen Öl beträufeln.

Tipp: *Wenn Sie keinen Zitronenthymian bekommen, können Sie ersatzweise auch 1 Bund Thymian und 1 Teelöffel abgeriebene, unbehandelte Zitronenschale verwenden.*

Gemüseeintopf

Zutaten

1 Bund Suppengemüse
200 g Kartoffeln
2 Kohlrabi (je 300 g)
250 g Schneidebohnen
2 Lorbeerblätter
1 TL weiße Pfefferkörner
3 Gewürznelken
2 Gläser (je 400 ml) Gemüsefond oder Gemüsebrühe
500 ml (½ l) kaltes Wasser
250 g grüner Spargel
½ Bund Kerbel
½ Bund glatte Petersilie
Salz
4 Eier
frisch gemahlener Pfeffer

Zubereitungszeit:
2 Stunden

Pro Portion:
E: 17 g, F: 9 g, Kh: 24 g,
kJ: 1067, kcal: 255

VEGETARISCH

1 Suppengemüse putzen und waschen. Möhren und Petersilienwurzel schälen und in Scheiben schneiden. Sellerie schälen und würfeln. Porree in Ringe schneiden.

2 Kartoffeln waschen, schälen und würfeln. Kohlrabi schälen und in Streifen schneiden. Bohnen waschen, putzen und schräg in 2 cm lange Stücke schneiden.

3 Lorbeerblätter, Pfefferkörner und Gewürznelken in einen Teefilter oder Mulltuch geben und mit Küchengarn zubinden. Das vorbereitete Gemüse, Gewürzbeutel, Gemüsefond oder -brühe und Wasser in den gewässerten Römertopf geben. Den Topf mit dem Deckel verschließen und auf dem Rost in den kalten Backofen schieben.

Ober-/Unterhitze: etwa 200 °C
Heißluft: etwa 180 °C
Gas: etwa Stufe 4
Garzeit: etwa 50 Minuten.

4 In der Zwischenzeit Spargel im unteren Drittel schälen, die unteren Enden abschneiden und den Spargel abspülen. Spargel in etwa 4 cm lange Stücke schneiden, nach etwa 20 Minuten Garzeit zu dem Gemüse geben und den Eintopf im geschlossenen Topf fertig garen.

5 Kerbel und Petersilie abspülen, trockentupfen, die Blättchen von den Stängeln zupfen und hacken (einige Blättchen zum Garnieren zurücklassen).

6 Nach Beendigung der Garzeit den Gewürzbeutel entfernen, den Gemüseeintopf mit Salz abschmecken und die Kräuter unterheben. Eier aufschlagen, mit einer Kelle in den Eintopf geben und mit den restlichen Kräutern garnieren. Nach Belieben mit Pfeffer bestreuen.

Tipp: *Dazu passt z. B. Schüttelbrot. Nach Belieben vor dem Servieren 3 Esslöffel kalt gepresstes Olivenöl unter den Eintopf mischen.*

Mexikanisches Maisgemüse

Zutaten

- 4 Maiskolben (je 200 g)
- 1–2 Chilischoten
- 500 g Möhren
- 220 g kleine Zwiebeln
- 1–2 Knoblauchzehen
- 750 ml (3/4 l) Gemüsebrühe
- 2 grüne Paprikaschoten (je 150 g)
- 1 Bund Koriander
- Salz
- frisch gemahlener Pfeffer
- Paprikapulver rosenscharf

Zubereitungszeit:
100 Minuten

Pro Portion:
E: 22 g, F: 10 g, Kh: 142 g, kJ: 3287, kcal: 784

VEGETARISCH

1 Die Maiskolben putzen, waschen und quer vierteln. Chilischoten waschen und in breite Stücke schneiden.

2 Möhren putzen, schälen, waschen und in dicke Scheiben schneiden. Zwiebeln abziehen und in Spalten schneiden. Knoblauch abziehen und in Scheiben schneiden.

3 Maiskolben, Chilischoten, Möhren, Zwiebeln und Knoblauch mit der Brühe in den gewässerten Römertopf geben. Den Topf mit dem Deckel verschließen und auf dem Rost in den kalten Backofen schieben.

Ober-/Unterhitze: etwa 220 °C
Heißluft: etwa 200 °C
Gas: Stufe 4–5
Garzeit: etwa 75 Minuten.

4 In der Zwischenzeit Paprika halbieren, entstielen, entkernen, die weißen Scheidewände entfernen, die Schoten waschen und in grobe Würfel schneiden. Die Paprikawürfel nach etwa 60 Minuten Garzeit in den Topf geben und alles zugedeckt fertig garen.

5 Koriander abspülen, trockentupfen, die Blättchen von den Stängeln zupfen und grob hacken. Das Maisgemüse mit Salz, Pfeffer und Paprika würzen und mit dem Koriander bestreuen.

Tipp: *Dazu passen fertig gekaufte Tortillas.*

Gemüse-Kartoffel-Ragout

Zutaten

400 g Kartoffeln
1 Zwiebel
2 Knoblauchzehen
2 Zucchini (400 g)
1 Aubergine (200 g)
150 g Knollensellerie
je 1 rote und grüne Paprikaschote (je 200 g)
4 EL Olivenöl
Salz
frisch gemahlener Pfeffer
125 ml (⅛ l) Gemüsebrühe
300 g Tomaten
je 1 Bund Thymian und Majoran

Zubereitungszeit:
1 ¾ Stunden

Pro Portion:
E: 6 g, F: 13 g, Kh: 27 g, kJ: 1062, kcal: 254

VEGETARISCH

1 Kartoffeln waschen, schälen, abspülen und in Würfel schneiden. Zwiebel und Knoblauch abziehen und fein würfeln. Zucchini und Aubergine waschen, abtrocknen, die Enden abschneiden und beide Zutaten in Würfel schneiden.

2 Sellerie putzen, schälen, waschen und in 1 cm große Würfel schneiden. Paprikaschoten halbieren, entstielen, entkernen, die weißen Scheidewände entfernen, die Schoten waschen und ebenfalls würfeln.

3 Die vorbereiteten Zutaten mit Öl in dem gewässerten Römertopf mischen und mit Salz und Pfeffer würzen. Gemüsebrühe darüber gießen. Den Römertopf mit dem Deckel verschließen und auf dem Rost in den kalten Backofen schieben.

Ober-/Unterhitze: etwa 200 °C
Heißluft: etwa 180 °C
Gas: Stufe 3–4
Garzeit: etwa 75 Minuten.

4 In der Zwischenzeit Tomaten waschen, vierteln, die Stängelansätze herausschneiden und Tomaten in Würfel schneiden. Thymian und Majoran abspülen, trockentupfen, die Blättchen von den Stängeln zupfen und hacken (einige Blättchen zum Garnieren zurücklassen).

5 Nach etwa 60 Minuten Garzeit Tomatenwürfel und gehackte Kräuter in den Römertopf geben und unterrühren. Das Ganze im geschlossenen Topf fertig garen.

6 Das fertige Ragout mit Salz und Pfeffer abschmecken und mit den zurückgelassenen Kräutern garnieren.

Buntes Bohnengemüse

Zutaten

600 g grüne Bohnen
250 g Zwiebeln
250 g Möhren
250 g Rindfleisch
Salz
frisch gemahlener Pfeffer
125 ml (1/8 l) Gemüsebrühe
350 g Tomaten
gerebeltes oder frisches Bohnenkraut

Zubereitungszeit:
2 Stunden

Pro Portion:
E: 18 g, F: 8 g, Kh: 14 g, kJ: 911, kcal: 217

RAFFINIERT

1 Von den Bohnen die Enden abschneiden, die Bohnen evtl. abfädeln, waschen und in Stücke schneiden oder brechen. Die Zwiebeln abziehen, halbieren und in Scheiben schneiden. Die Möhren putzen, schälen, waschen und in Scheiben oder Stifte schneiden.

2 Das Rindfleisch unter fließendem kalten Wasser abspülen, trockentupfen und in etwa 1 1/2 cm große Würfel schneiden. Die Fleischwürfel mit dem vorbereiteten Gemüse vermengen, in den gewässerten Römertopf geben und mit Salz und Pfeffer bestreuen.

3 Die Gemüsebrühe dazugeben, den Römertopf mit dem Deckel verschließen und auf dem Rost in den kalten Backofen schieben.

Ober-/Unterhitze: etwa 200 °C
Heißluft: etwa 180 °C
Gas: Stufe 3–4
Garzeit: 80–90 Minuten.

4 In der Zwischenzeit Tomaten kurze Zeit in kochendes Wasser legen (nicht kochen lassen), in kaltem Wasser abschrecken, enthäuten, die Stängelansätze entfernen und die Tomaten in Stücke schneiden.

5 Nach etwa 75 Minuten Garzeit die Tomaten dazugeben, umrühren, mit Salz, Pfeffer und Bohnenkraut würzen. Das Bohnengemüse fertig garen, umrühren und abschmecken.

Tipp: *Das Rindfleisch durch Lammfleisch aus der Keule oder, als fleischlose Variante, durch 250 g in Scheiben geschnittene Zucchini ersetzen.*

Gefüllte Kartoffeln

Zutaten

4 große Kartoffeln (je 300 g)

Für die Füllung:
30 g getrocknete Tomaten
1 Bund Frühlingszwiebeln (150 g)
½ Bund Oregano
4 EL Olivenöl
1 EL Semmelbrösel
50 g Crème fraîche
Salz
frisch gemahlener Pfeffer
Paprikapulver rosenscharf

150 ml Gemüsebrühe
1–2 EL geriebener Parmesan

Zubereitungszeit:
90 Minuten

Pro Portion:
E: 9 g, F: 20 g, Kh: 50 g,
kJ: 1773, kcal: 423

FÜR GÄSTE

1 Kartoffeln waschen, schälen und abspülen. Von jeder Kartoffel etwa ⅓ mit der groben Seite der Haushaltsreibe abreiben (ergibt etwa 250 g Kartoffelmasse), dabei darauf achten, dass die Kartoffeln waagerecht nebeneinander in den Römertopf passen, damit die Füllung nicht abrutschen kann.

2 Für die Füllung Tomaten fein würfeln. Frühlingszwiebeln putzen, waschen, der Länge nach halbieren und in kleine Stücke schneiden. Oregano abspülen, trockentupfen, von der Hälfte der Stängel die Blättchen abzupfen und hacken. Öl in einer Pfanne erhitzen. Semmelbrösel darin kurz anrösten. Oregano, Tomaten, Frühlingszwiebeln, geriebene Kartoffeln und Crème fraîche unterheben. Mit Salz, Pfeffer und Paprikapulver würzen.

3 Kartoffeln rundherum salzen. Die Füllung auf den Kartoffeln verteilen und andrücken. Gemüsebrühe in den gewässerten Römertopf gießen. Kartoffeln hineinsetzen. Den Römertopf mit dem Deckel verschließen und auf dem Rost in den kalten Backofen schieben.

Ober-/Unterhitze: etwa 200 °C
Heißluft: etwa 180 °C
Gas: Stufe 3–4
Garzeit: etwa 60 Minuten.

4 Nach Beendigung der Garzeit den Parmesan auf die Kartoffeln streuen. Den Römertopf für etwa 10 Minuten ohne Deckel in den ausgeschalteten Backofen stellen und herausnehmen, sobald der Käse zu schmelzen beginnt.

5 Die gefüllten Kartoffeln mit dem Garsud anrichten. Mit dem restlichen Oregano garniert servieren.

Gefüllte Auberginen

Zutaten

4 Auberginen (je 200 g)
Salz
150 g Porree (Lauch)
1/2 Glas (etwa 140 g) getrocknete Tomaten
200 g Vollkornreis
2–3 TL Kräuter der Provence
500 ml (1/2 l) Gemüsebrühe
Salz
frisch gemahlener Pfeffer
Paprikapulver rosenscharf
2 Dosen (je 425 ml) Pizzatomaten

Zubereitungszeit:
2 Stunden

Pro Portion:
E: 9 g, F: 3 g, Kh: 48 g, kJ: 1123, kcal: 267

VEGETARISCH

1 Auberginen putzen, waschen und der Länge nach halbieren. Das Fruchtfleisch kreuzweise einritzen, dabei rundherum einen etwa 1 cm breiten Rand lassen. Die Auberginenhälften salzen und 30 Minuten durchziehen lassen.

2 Porree putzen, die Stangen längs halbieren, waschen und in halbe Ringe schneiden. Getrocknete Tomaten abtropfen lassen, dabei das Öl auffangen und 2 Esslöffel davon in einem Topf erhitzen.

3 Die Tomaten hacken und mit Porree, Reis und 1 Teelöffel der Kräuter in dem erhitzten Öl andünsten. Mit Brühe ablöschen und zugedeckt bei milder Hitze etwa 25 Minuten dünsten.

4 Auberginenhälften umdrehen, abtropfen lassen, das Fruchtfleisch (bis auf den markierten Rand) auslösen und würfeln. Reis mit Salz, Pfeffer und Paprika würzen und in die Auberginen füllen.

5 Pizzatomaten, Auberginenwürfel und restliche Kräuter mischen und in den gewässerten Römertopf füllen. Die gefüllten Auberginen daraufsetzen. Den Römertopf mit dem Deckel verschließen und auf dem Rost in den kalten Backofen schieben.

Ober-/Unterhitze: etwa 200 °C
Heißluft: etwa 180 °C
Gas: etwa Stufe 3
Garzeit: etwa 60 Minuten.

6 Die Tomatenmasse durch ein Sieb streichen und mit Salz, Pfeffer und Paprika würzen. Auberginen mit der Tomatensauce anrichten.

Tipp: *Das Rezept lässt sich auch gut für 2 Portionen zubereiten. Dafür die Zutatenmengen halbieren und evtl. in einem kleinen Römertopf zubereiten.*

Rosmarinkartoffeln mit Schmandsauce

Zutaten

800 g kleine, mehlig
kochende Kartoffeln
1 Topf Rosmarin
250 g Schmand (Sauerrahm)
oder Crème fraîche
1 TL körniger Senf
3–4 EL Schlagsahne
Salz
frisch gemahlener Pfeffer
2 EL gehackte Kräuter, z. B.
Petersilie, Schnittlauch

Zubereitungszeit:
70 Minuten

Pro Portion:
E: 6 g, F: 24 g, Kh: 33 g,
kJ: 1617, kcal: 386

VEGETARISCH

1 Die Kartoffeln unter fließendem kalten Wasser gründlich abbürsten und kreuzweise einschneiden. Rosmarin abspülen, die Nadeln und die kleinen Spitzen abschneiden und mit den Kartoffeln in den gewässerten Kartoffelröster geben.

2 Den Kartoffelröster auf dem Rost in den kalten Backofen schieben.

Ober-/Unterhitze: etwa 200 °C
Heißluft: etwa 180 °C
Gas: Stufe 3–4
Garzeit: 50–60 Minuten.

3 Für die Schmandsauce Schmand oder Crème fraîche mit Senf, Sahne, Salz und Pfeffer verrühren, Kräuter unterrühren und zu den Kartoffeln servieren.

Tipp: *Zu den Rosmarinkartoffeln passt auch gerösteter Knoblauch. Dazu 1 Knoblauchknolle von der dünnen Außenhaut befreien, die Spitzen der Zehen abschneiden, das „Wurzelende" der Knolle gerade schneiden und die Knolle mit dem Wurzelende nach unten auf das Unterteil des Knoblauchrösters stellen. Die Knolle mit 4 Tropfen Olivenöl beträufeln und mit Salz, Pfeffer und Oregano bestreuen. Den Knoblauchröster mit dem Deckel verschließen und bei der oben angegebenen Temperatur etwa 30 Minuten rösten. Die gare Knolle aus dem Röster herausnehmen, die Zehen aus der Haut drücken und zu den Kartoffeln servieren.*

Kichererbsencurry mit Mango

Zutaten

200 g Kichererbsen
30 g Ingwer
350 g Knollensellerie
2 Bund Frühlingszwiebeln
1 EL Currypulver
500 ml (1/2 l) Gemüsebrühe
150 g Joghurt
1 TL gemahlener Kreuzkümmel
1/2 TL gemahlener Zimt
etwas gemahlener Koriander
Salz
frisch gemahlener Pfeffer
1 reife Mango
Kerbelblättchen
30 g geröstete Sesamsamen

Zubereitungszeit:
90 Minuten, ohne Einweichzeit

Pro Portion:
E: 10 g, F: 9 g, Kh: 33 g,
kJ: 1097, kcal: 262

RAFFINIERT

1 Die Kichererbsen über Nacht in Wasser einweichen. Dann auf einem Sieb abtropfen lassen.

2 Den Ingwer schälen und in kleine Würfel schneiden. Den Sellerie schälen, waschen und in Würfel schneiden. Die Frühlingszwiebeln putzen, waschen und in 3 cm lange Stücke schneiden.

3 Die drei vorbereiteten Zutaten mit den abgetropften Kichererbsen, Curry und Gemüsebrühe in den gewässerten Römertopf geben, mit dem Deckel verschließen. Den Römertopf auf dem Rost in den kalten Backofen schieben.

Ober-/Unterhitze: etwa 220 °C
Heißluft: etwa 200 °C
Gas: Stufe 4–5
Garzeit: etwa 50 Minuten.

4 Nach Beendigung der Garzeit den Joghurt unterrühren und das Gericht mit Kreuzkümmel, Zimt, Koriander, Salz und Pfeffer abschmecken.

5 Die Mango schälen, das Fruchtfleisch vom Stein lösen, in Stücke schneiden und unterheben. Den Römertopf schließen und noch etwa 10 Minuten in den ausgeschalteten, noch warmen Backofen stellen.

6 Das Kichererbsencurry mit Kerbelblättchen und Sesam bestreut servieren.

Tipp: *Anstelle der Mango können für das Curry auch etwa 250 g Aprikosen oder Pfirsiche verwendet werden.*

Wirsinggemüse

Zutaten

- 2 Zwiebeln
- 1 Knoblauchzehe
- 1 Stange Porree (Lauch)
- 50 g Butter
- 250 ml (¼ l) Gemüsebrühe
- 2 EL Tomatenmark
- frisch gemahlener Pfeffer
- 1 TL gerebelter Oregano
- 1 Kopf Wirsing (etwa 800 g)

Zubereitungszeit:
70 Minuten

Pro Portion:
E: 6 g, F: 11 g, Kh: 9 g,
kJ: 705, kcal: 168

VEGETARISCH

1 Zwiebeln und Knoblauch abziehen und fein würfeln. Porree putzen, längs halbieren, waschen und in Scheiben schneiden.

2 Butter in einer Pfanne zerlassen. Zwiebeln darin anbraten. Knoblauch und Porree zugeben, mit Gemüsebrühe angießen und aufkochen lassen.

3 Tomatenmark, Pfeffer und Oregano hinzufügen und die Pfanne von der Kochstelle nehmen.

4 Die groben äußeren Blätter des Wirsings entfernen, Wirsing achteln, den Strunk herausschneiden und Wirsing abspülen.

5 Die Hälfte der Zwiebel-Porree-Mischung in den gewässerten Römertopf füllen. Die Wirsingachtel mit den Herzen nach unten darauf legen. Die restliche Zwiebelmischung darüber geben. Den Römertopf mit dem Deckel verschließen und auf dem Rost in den kalten Backofen schieben.

Ober-/Unterhitze: etwa 200 °C
Heißluft: etwa 180 °C
Gas: Stufe 3–4
Garzeit: etwa 50 Minuten.

Tipp: *Dazu Salzkartoffeln servieren. Als Hauptgang den Wirsing kurz mit Käsescheiben überbacken.*

Champignongemüse mit Rauke

Zutaten

- 4 Zwiebeln
- 1–2 Knoblauchzehen
- 500 g rosa Champignons
- 300 g weiße Champignons
- 1 TL Weizenmehl
- 50 g abgezogene, gemahlene Mandeln
- Salz
- frisch gemahlener Pfeffer
- 1 EL Olivenöl
- 200 ml Schlagsahne
- 1 kleines Bund Rauke (Rucola, 40 g)

Zubereitungszeit:
90 Minuten

Pro Portion:
E: 9 g, F: 26 g, Kh: 9 g,
kJ: 1338, kcal: 319

RAFFINIERT

1 Zwiebeln und Knoblauch abziehen. Zwiebeln in Spalten, Knoblauch in dünne Scheiben schneiden. Beide Champignonsorten putzen, mit Küchenpapier abreiben, evtl. abspülen und je nach Größe halbieren oder vierteln.

2 Die vorbereiteten Zutaten mit Mehl, Mandeln, Salz und Pfeffer im gewässerten Römertopf mischen. Öl und Sahne unterheben. Den Römertopf mit dem Deckel verschließen und auf dem Rost in den kalten Backofen schieben.

Ober-/Unterhitze: etwa 200 °C
Heißluft: etwa 180 °C
Gas: Stufe 3–4
Garzeit: etwa 60 Minuten.

3 Nach etwa 40 Minuten Garzeit das Gemüse umrühren und im geschlossenen Topf fertig garen.

4 In der Zwischenzeit Rauke putzen, waschen, trockenschleudern und klein schneiden. Das Champignongemüse mit Salz und Pfeffer abschmecken. Rauke unterheben und sofort servieren.

Tipp: *Das Champignongemüse als Vorspeise auf Toast oder als Beilage zu kurz gebratenem Fleisch servieren. Für einen fleischlosen Snack Kartoffelpuffer dazureichen.*

Sizilianische Caponata

(Geschmortes Gemüse)

Zutaten

1 Zwiebel
2 Knoblauchzehen
400 g Staudensellerie
2 Auberginen (500 g)
1 Bund Frühlingszwiebeln (175 g)
1 Glas grüne Oliven in Kräutern (Abtropfgewicht 65 g)
1 Glas schwarze Oliven (Abtropfgewicht 85 g)
Salz
frisch gemahlener Pfeffer
4 EL Olivenöl
125 ml (⅛ l) Gemüsebrühe
2 Fleischtomaten (350 g)
1 Glas Kapernäpfel (Abtropfgewicht 200 g)
1 Topf Basilikum

Zubereitungszeit:
1 ¾ Stunden

Pro Portion:
E: 5 g, F: 18 g, Kh: 16 g, kJ: 1076, kcal: 257

RAFFINIERT

1 Zwiebel und Knoblauch abziehen und in kleine Würfel schneiden. Staudensellerie putzen, waschen, die harten Außenfäden abziehen und die Stangen in Stücke schneiden. Auberginen waschen, abtrocknen, die Enden abschneiden und Auberginen würfeln.

2 Frühlingszwiebeln putzen und waschen. Das Weiße in Stücke, das Grüne in breite Ringe schneiden. Beide Olivensorten in einem Sieb abtropfen lassen.

3 Oliven und das vorbereitete Gemüse, bis auf das Grün der Frühlingszwiebeln, in dem gewässerten Römertopf mischen und mit Salz und Pfeffer würzen. Öl und Gemüsebrühe darüber gießen. Den Römertopf mit dem Deckel verschließen und auf dem Rost in den kalten Backofen schieben.

Ober-/Unterhitze: etwa 200 °C
Heißluft: etwa 180 °C
Gas: Stufe 3–4
Garzeit: etwa 75 Minuten.

4 In der Zwischenzeit Tomaten waschen, vierteln, die Stängelansätze herausschneiden und Tomaten würfeln. Kapernäpfel in einem Sieb abtropfen lassen.

5 Nach etwa 60 Minuten Garzeit Tomaten, Frühlingszwiebelgrün und Kapernäpfel in den Römertopf geben und unterheben. Das Ganze im geschlossenen Topf fertig garen.

6 Basilikum abspülen, trockentupfen, die Blättchen von den Stängeln zupfen und hacken (einige Blättchen zum Garnieren zurücklassen). Gehacktes Basilikum unter das Gemüse rühren. Caponata abschmecken und mit den zurückgelassenen Basilikumblättchen garnieren.

Rosenkohl-Möhren-Gemüse

Zutaten

1 Pck. (450 g) TK-Rosenkohl
3 Zwiebeln
700 g Möhren
Salz
frisch gemahlener Pfeffer
200 ml Gemüsebrühe
500 ml (½ l) Milch
400 ml Wasser
1 Pck. Kartoffelpüree mit Milch (2 x 3 Portionen für je 500 ml Flüssigkeit)
30 g Butter
1 Bund glatte Petersilie
geriebene Muskatnuss
120 g durchwachsener Speck

Zubereitungszeit:
90 Minuten

Pro Portion:
E: 26 g, F: 85 g, Kh: 75 g,
kJ: 3071, kcal: 731

FÜR KINDER

1 Rosenkohl bis zur weiteren Verwendung antauen lassen. Zwiebeln abziehen und in Spalten schneiden. Möhren putzen, schälen, waschen und in etwa 1 cm dicke Scheiben schneiden. Rosenkohl, Möhrenscheiben und Zwiebelspalten in dem gewässerten Römertopf mischen und mit Salz und Pfeffer würzen.

2 Gemüsebrühe darüber gießen. Den Römertopf mit dem Deckel verschließen und auf dem Rost in den kalten Backofen schieben.

Ober-/Unterhitze: etwa 200 °C
Heißluft: etwa 180 °C
Gas: Stufe 3–4
Garzeit: etwa 75 Minuten.

3 In der Zwischenzeit Milch und Wasser in einem Topf aufkochen lassen. Püree-Flocken und Butter unterrühren. Das Püree abkühlen lassen.

4 Petersilie abspülen, trockentupfen, die Blättchen von den Stängeln zupfen und hacken. Petersilie unter das Kartoffelpüree heben und mit Salz, Pfeffer und Muskat abschmecken. Speck erst in dünne Scheiben, dann in breite Streifen schneiden.

5 Nach etwa 60 Minuten Garzeit das Gemüse mit Salz und Pfeffer abschmecken. Kartoffelpüree auf das Gemüse geben und die Speckstreifen darauf verteilen. Das Ganze ohne Deckel fertig garen.

Tipp: *Der Speck wird noch knuspriger, wenn Sie 2 Minuten vor Ende der Garzeit den Backofengrill einschalten.*

Gemischte gefüllte Gemüse

Zutaten

400 g Kartoffeln
1 Zucchini (200 g)
1 Kohlrabi (300 g)
2 Fleischtomaten (je 110 g)
2 grüne Paprikaschoten (je 160 g)
1 Scheibe Toastbrot
1 Zwiebel
1 Bund glatte Petersilie
400 g Geflügel- oder gemischtes Hackfleisch
1 Ei (Größe M)
Salz
frisch gemahlener Pfeffer
250 ml (¼ l) Gemüsebrühe

Zubereitungszeit:
1 ¾ Stunden

Pro Portion:
E: 27 g, F: 26 g, Kh: 28 g, kJ: 2002, kcal: 478

FÜR KINDER

1 Kartoffeln waschen, schälen, abspülen und in Würfel schneiden. Zucchini waschen, abtrocknen, die Enden abschneiden und Zucchini längs halbieren. Die Hälften quer halbieren und die Kerne mit einem Teelöffel herauskratzen, dabei rundherum einen etwa 1 cm breiten Rand stehen lassen.

2 Kohlrabi schälen, waschen und einen Deckel abschneiden. Kohlrabi mit einem Teelöffel oder einem Kugelausstecher aushöhlen. Das Kohlrabi-Innere und den Deckel hacken. Tomaten waschen, von jeder Tomate einen Deckel abschneiden, Tomaten aushöhlen und Inneres und Deckel ebenfalls grob hacken.

3 Paprikaschoten waschen, abtrocknen, am Stielende je einen Deckel abschneiden und mit einem Löffel Kerne und weiße Scheidewände entfernen. Die Deckel grob hacken.

4 Toastbrot in kaltem Wasser einweichen. Zwiebel abziehen und fein würfeln. Petersilie abspülen, trockentupfen und die Blättchen hacken. Das Hackfleisch mit Zwiebel, ausgedrücktem Toastbrot und Ei verkneten. Mit Salz, Pfeffer und der Hälfte der Petersilie würzen.

5 Die kleinen Gemüsestücke und Kartoffelwürfel in dem gewässerten Römertopf mischen und mit Salz und Pfeffer würzen. Gemüsebrühe darüber gießen. Die Hackfleischmasse in das ausgehöhlte Gemüse füllen. Das Gemüse, bis auf die Tomaten, in den Römertopf setzen. Den Römertopf mit dem Deckel verschließen und auf dem Rost in den kalten Backofen schieben.

Ober-/Unterhitze: etwa 200 °C
Heißluft: etwa 180 °C
Gas: Stufe 3–4
Garzeit: etwa 75 Minuten.

6 Die Tomaten nach etwa 30 Minuten Garzeit in den Topf geben. Nach etwa 60 Minuten Garzeit den Deckel entfernen und das gefüllte Gemüse fertig garen. Mit der restlichen Petersilie bestreut servieren.

Schweinebraten mit Zitronensauce

Zutaten

1 1/2 kg Schweinerollbraten (aus der Schulter)
4 EL Sojasauce
2 rote Chilischoten
2 grüne Chilischoten
3–4 Knoblauchzehen
250 ml (1/4 l) Wasser
1 Zitrone (unbehandelt)
350 g Staudensellerie
2–3 EL heller Saucenbinder
Salz
frisch gemahlener Pfeffer
2–3 EL Zitronensaft

Zubereitungszeit:
100 Minuten

Pro Portion:
E: 76 g, F: 34 g, Kh: 10 g, kJ: 2981, kcal: 711

FÜR GÄSTE

1 Das Fleisch unter fließendem kalten Wasser abspülen, trockentupfen und mit 1 Esslöffel Sojasauce einreiben.

2 Die Chilischoten putzen, waschen, halbieren und entkernen. Die Knoblauchzehen unabgezogen mit einem Messer flach drücken und mit Fleisch, Chilischoten, Wasser und der restlichen Sojasauce in den gewässerten Römertopf geben. Den Topf mit dem Deckel verschließen und auf dem Rost in den kalten Backofen schieben.

Ober-/Unterhitze: 200–220 °C
Heißluft: 180–200 °C
Gas: Stufe 4–5
Garzeit: etwa 90 Minuten.

3 In der Zwischenzeit die Zitrone waschen, abtrocknen und in Scheiben schneiden. Staudensellerie putzen, waschen und in Scheiben schneiden (das Grün aufbewahren). Nach etwa 60 Minuten Garzeit Zitronen- und Sellerieschieben in den Römertopf geben und alles zugedeckt fertig garen.

4 Das gare Fleisch aus dem Römertopf nehmen und warm stellen. Die Flüssigkeit durch ein Sieb in einen Topf gießen, zum Kochen bringen und mit Saucenbinder binden. Mit Salz, Pfeffer und Zitronensaft abschmecken.

5 Fleisch in Scheiben schneiden, mit der Sauce anrichten und mit den zurückgelassenen Sellerieblättern garnieren.

Kasseler in Kokossauce

Zutaten

30 g frischer Ingwer
800 g ausgelöstes Kasseler Kotelett
1 TL eingelegter, grüner Pfeffer (aus dem Glas)
20 g Speisestärke
80 g rote Linsen
Salz
frisch gemahlener Pfeffer
Cayennepfeffer
1 Dose ungesüßte Kokosmilch (400 ml)
200 ml Gemüsebrühe
1–2 TL Zitronensaft

Zubereitungszeit:
60 Minuten

Pro Portion:
E: 52 g, F: 33 g, Kh: 27 g, kJ: 2733, kcal: 652

SCHNELL

1 Ingwer schälen und fein reiben. Kasseler unter fließendem kalten Wasser abspülen, trockentupfen und in etwa 2 cm große Würfel schneiden. Grünen Pfeffer hacken.

2 Ingwer, Kasseler, Pfeffer und Speisestärke in dem gewässerten Römertopf mischen. Linsen unterrühren. Alles mit Salz, Pfeffer und Cayennepfeffer würzen.

3 Kokosmilch und Gemüsebrühe hinzugießen und alles gut verrühren. Den Römertopf mit dem Deckel verschließen und auf dem Rost in den kalten Backofen schieben.

Ober-/Unterhitze: etwa 220 °C
Heißluft: etwa 200 °C
Gas: Stufe 4–5
Garzeit: etwa 45 Minuten.

4 Nach etwa 25 Minuten Garzeit alles gut umrühren und im geschlossenen Topf fertig garen. Das Gericht mit Salz, Pfeffer und Zitronensaft abschmecken.

Tipp: *Anstelle von Kasseler können Sie auch Putenbrust verwenden.*

Beilage: *Reis.*

Schweinebraten mit roten Bohnen

Zutaten

1–1,2 kg Schweinenacken-braten (ohne Knochen)
Salz
frisch gemahlener Pfeffer
150 ml Gemüsebrühe
200 g Zwiebeln
200 g Möhren
500 g Kürbis (ergibt etwa 250 g Kürbisfleisch)
1 gelbe Paprikaschote
1 kleiner Topf Thymian (ersatzweise 2–3 TL gerebelter Thymian)
2 Dosen rote Bohnen (je 250 g Abtropfgewicht)
Paprikapulver rosenscharf
1–2 Lorbeerblätter

Zubereitungszeit:
2 ½ Stunden

Pro Portion:
E: 57 g, F: 47 g, Kh: 6 g,
kJ: 3002, kcal: 717

KLASSISCH

1 Den Nackenbraten unter fließendem kalten Wasser abspülen, trockentupfen und rundherum mit Salz und Pfeffer einreiben. Den Braten mit der Brühe in den gewässerten Römertopf geben. Den Topf mit dem Deckel verschließen und auf dem Rost in den kalten Backofen schieben.

Ober-/Unterhitze: 200–220 °C
Heißluft: 180–200 °C
Gas: Stufe 4–5
Garzeit: 95–110 Minuten.

2 In der Zwischenzeit Zwiebeln abziehen und in Ringe schneiden. Möhren putzen, schälen, waschen und in Scheiben schneiden. Kürbis in schmale Spalten schneiden und schälen. Die Spalten je nach Größe quer halbieren oder dritteln.

3 Paprika vierteln, entstielen, entkernen, die weißen Scheidewände entfernen, die Schote waschen und quer in Streifen schneiden. Thymianzweige abschneiden, kalt abspülen und trockentupfen. Die Bohnen auf ein Sieb geben, kalt abspülen und abtropfen lassen.

4 Das vorbereitete Gemüse mit den Bohnen mischen und mit Salz, Pfeffer und Paprika würzen.

5 Nach etwa 50 Minuten Garzeit die Gemüse-Bohnen-Mischung, Lorbeerblätter und die Hälfte des Thymians in den Römertopf geben. Zugedeckt 40–50 Minuten weitergaren. Dann weitere 5–10 Minuten ohne Deckel garen.

6 Den Braten aus dem Topf nehmen und warm stellen. Das Gemüse nach Belieben mit den Gewürzen abschmecken. Den restlichen Thymian in kleine Zweige zupfen. Den Braten aufschneiden, mit dem Gemüse servieren und mit Thymian garnieren.

Bunter Hackbraten

Zutaten

2 Scheiben Toastbrot
1 Zwiebel
2–3 Möhren
1 Bund Frühlingszwiebeln
1 Dose Gemüsemais (Abtropfgewicht 285 g)
700 g Gehacktes (halb Rind-, halb Schweinefleisch)
75 g Speisequark (10 % Fett)
2 Eier (Größe M)
2–3 TL mittelscharfer Senf
Salz
frisch gemahlener Pfeffer
2 EL gehackte Petersilie
70 g Frühstücksspeck, in dünnen Scheiben
125 ml (1/8 l) Gemüsebrühe
100 g Crème fraîche
1–2 EL dunkler Saucenbinder

Zubereitungszeit:
100 Minuten

Pro Portion:
E: 46 g, F: 66 g, Kh: 78 g, kJ: 3960, kcal: 946

FÜR GÄSTE

1 Das Toastbrot in etwas kaltem Wasser einweichen. Die Zwiebel abziehen und würfeln. Die Möhren putzen, schälen, waschen und in Würfel schneiden. Frühlingszwiebeln putzen, waschen und in dünne Scheiben schneiden. Den Mais in einem Sieb abspülen und abtropfen lassen.

2 Das Toastbrot ausdrücken. Das Gehackte mit Quark, Eiern, Brot, Senf, Salz, Pfeffer und Petersilie verkneten. Die Fleischmasse abschmecken, zu einem Laib formen und in den gewässerten Römertopf legen.

3 Die Fleischmasse mit den Speckscheiben belegen. Den Topf mit dem Deckel verschließen und auf dem Rost in den kalten Backofen schieben.

Ober-/Unterhitze: 200–220 °C
Heißluft: 180–200 °C
Gas: Stufe 4–5
Garzeit: etwa 70 Minuten.

4 Etwa 15 Minuten vor Beendigung der Garzeit den Deckel abnehmen und den Hackbraten fertig garen.

5 Den garen Braten auf eine Platte legen und mit dem Topfdeckel abdecken.

6 Die Garflüssigkeit in einen Topf gießen und mit Gemüsebrühe und Crème fraîche aufkochen. Die Sauce mit dem Saucenbinder nach Packungsaufschrift binden und mit Pfeffer und Senf abschmecken. Den Hackbraten in Scheiben schneiden und mit der Sauce servieren.

Schichtbraten

(8 Portionen)

Zutaten

1 Bund Suppengrün (500 g)
1 Gemüsezwiebel (300 g)
1 EL eingelegte, grüne Pfefferkörner (aus dem Glas)
300 g Hähnchenbrustfilet
8 dünne, große Scheiben Rumpsteak ohne Fettkante (400 g)
8 dünne, große Scheiben Schweineschnitzel (400 g)
1 EL getrockneter Estragon
Salz
frisch gemahlener Pfeffer
75 g zerlassene Butter

Außerdem:
Küchengarn

Zubereitungszeit:
1 ¾ Stunden

Pro Portion:
E: 30 g, F: 24 g, Kh: 6 g, kJ: 1612, kcal: 384

FÜR GÄSTE

1 Suppengrün putzen, waschen und sehr fein würfeln. Gemüsezwiebel abziehen und in dünne Ringe schneiden. Pfefferkörner abtropfen lassen und klein hacken. Alle Fleischsorten unter fließendem kalten Wasser abspülen und trockentupfen. Hähnchenbrustfilets in dünne, möglichst große Scheiben schneiden.

2 Acht etwa 30 cm lange Stücke Küchengarn abschneiden und im Abstand von etwa 2 cm nebeneinander auf die Arbeitsfläche legen. Eine Lage Rindfleischscheiben in Größe des Römertopfbodens darauf legen. Mit etwas Estragon, Salz und Pfeffer würzen. Mit einigen Gemüsewürfeln bestreuen und mit Zwiebelringen belegen.

3 Den Vorgang mehrfach wiederholen, dabei die Fleischsorten wechseln. Mit einer Lage Fleisch abschließen. Die Küchengarnfäden über dem Fleisch zusammenbinden.

4 Den Braten in den gewässerten Römertopf legen. Übrige Gemüsewürfel in den Topf geben. Butter auf das Fleisch gießen. Den Römertopf mit dem Deckel verschließen und auf dem Rost in den kalten Backofen schieben.

Ober-/Unterhitze: etwa 200 °C
Heißluft: etwa 180 °C
Gas: Stufe 3–4
Garzeit: etwa 70 Minuten.

5 Den Braten aus dem Topf nehmen und das Küchengarn entfernen. Für die Sauce Gemüse mit dem Garsud in einen Topf gießen, aufkochen lassen und pürieren. Die Sauce zu dem Braten servieren.

Tipp: *Dazu schmecken Salzkartoffeln.*

Kräuter-Roastbeef

Zutaten

800 g Roastbeef
Salz
frisch gemahlener Pfeffer
2 EL Speiseöl
2 Knoblauchzehen
1 Brötchen (Semmel)
1 Ei
1 TL Senf
1 EL gehackte, glatte Petersilie
1 TL gehackte Thymianblättchen
1 TL gehackte Basilikumblättchen
2 EL Speiseöl
100 ml Fleischbrühe

Zubereitungszeit:
80 Minuten

Pro Portion:
E: 49 g, F: 23 g, Kh: 8 g,
kJ: 1859, kcal: 445

FÜR GÄSTE

1 Das Roastbeef unter fließendem kalten Wasser abspülen und trockentupfen. Die Fettkanten abschneiden und das Fleisch mit Salz und Pfeffer bestreuen. Das Öl in den gewässerten Römertopf geben und das Roastbeef hineinlegen.

2 Knoblauch abziehen, durch die Knoblauchpresse drücken und mit Salz und Pfeffer verrühren. Das Brötchen in feine Würfel schneiden und mit dem Knoblauch vermengen.

3 Ei, Senf, Petersilie, Thymian, Basilikum und Öl unter die Brötchen-Knoblauch-Mischung rühren und die Masse auf dem Roastbeef verteilen.

4 Die Fleischbrühe hinzugießen. Den Römertopf mit dem Deckel verschließen und auf dem Rost in den kalten Backofen schieben.

Ober-/Unterhitze: etwa 200 °C
Heißluft: etwa 180 °C
Gas: Stufe 3–4
Garzeit: 60–70 Minuten.

5 Das gare Fleisch etwa 10 Minuten ruhen lassen, damit sich der Fleischsaft setzt. Das Fleisch anschließend in Scheiben schneiden.

Tipp: *Das Kräuter-Roastbeef mit Kroketten oder Pellkartoffeln servieren. Dazu passt ein kühles Bier.*

Rindfleisch in Portwein

Zutaten

250 g Zwiebeln
800 g Tafelspitz
Salz
frisch gemahlener Pfeffer
10 EL roter Portwein
200 g Preiselbeeren (mit Gelierzucker, aus dem Glas)
2 Lorbeerblätter
gemahlener Piment
geriebene Muskatnuss
1 unbehandelte Zitrone

Zubereitungszeit:
2 ¼ Stunden

Pro Portion:
E: 37 g, F: 25 g, Kh: 22 g, kJ: 2120, kcal: 507

FÜR GÄSTE

1 Zwiebeln abziehen, halbieren und in Spalten schneiden. Fleisch unter fließendem kalten Wasser abspülen, trockentupfen und von allen Seiten mit Salz und Pfeffer einreiben.

2 Acht Esslöffel Portwein, 100 g Preiselbeeren, Zwiebelspalten und Lorbeerblätter in einem gewässerten Römertopf mischen. Das Fleisch hineinlegen. Den Römertopf mit dem Deckel verschließen und auf dem Rost in den kalten Backofen schieben.

Ober-/Unterhitze: etwa 220 °C
Heißluft: etwa 200 °C
Gas: Stufe 4–5
Garzeit: etwa 2 Stunden.

3 Nach etwa 60 Minuten Garzeit das Fleisch umdrehen und im geschlossenem Topf fertig garen.

4 Nach Beendigung der Garzeit das Fleisch aus dem Topf nehmen und zugedeckt warm stellen. Die restlichen Preiselbeeren unter die Sauce rühren. Die Sauce mit Salz, Pfeffer, Piment, Muskat und dem restlichen Portwein abschmecken.

5 Zitrone heiß abspülen, trockenreiben, längs halbieren und in Scheiben schneiden. Das Fleisch in dünne Scheiben schneiden und mit Portweinsauce und Zitronenscheiben anrichten.

Tipp: *Dazu passen Salzkartoffeln oder Polentaklöße mit brauner Butter.*

Geschmorte Kalbsleber mit Balsamessig

Zutaten

750 g Kartoffeln
1 Lorbeerblatt
Salz
frisch gemahlener Pfeffer
150 ml Gemüsebrühe
3 EL Olivenöl
500 g Kalbsleber
200 g Cocktailtomaten
1 Glas Silberzwiebeln
(Abtropfgewicht 190 g)
1 EL Tomatenmark
75 ml Rotwein
einige Zweige Basilikum
gemahlener Piment
etwas Zucker
2 EL Balsamessig

Zubereitungszeit:
1 ¾ Stunden

Pro Portion:
E: 30 g, F: 15 g, Kh: 42 g,
kJ: 1882, kcal: 450

RAFFINIERT

1 Kartoffeln waschen, schälen, abspülen und in etwa 1 cm große Würfel schneiden. Kartoffeln und Lorbeerblatt in den gewässerten Römertopf geben und mit Salz und Pfeffer würzen.

2 Gemüsebrühe dazugießen. Öl darüber träufeln. Den Römertopf mit dem Deckel verschließen und auf dem Rost in den kalten Backofen schieben.

Ober-/Unterhitze: etwa 200 °C
Heißluft: etwa 180 °C
Gas: Stufe 3–4
Garzeit: etwa 90 Minuten.

3 In der Zwischenzeit Kalbsleber putzen, unter fließendem kalten Wasser abspülen, trockentupfen und in Stücke schneiden. Cocktailtomaten waschen. Silberzwiebeln in einem Sieb abtropfen lassen.

4 Nach etwa 60 Minuten Garzeit Leberstücke, Cocktailtomaten, Tomatenmark, Rotwein und Silberzwiebeln zu den Kartoffeln in den Römertopf geben und unterrühren. Das Ganze im geschlossenen Topf fertig garen.

5 Basilikum abspülen, trockentupfen und die Blättchen von den Stängeln zupfen. Das Gericht mit Salz, Pfeffer, Piment und Zucker abschmecken, mit Basilikum bestreuen und mit Essig beträufeln.

Kalbsragout mit Gemüse

Zutaten

600 g Kalbfleisch (ohne Knochen, z. B. Nacken)
Saft von 1 Zitrone
etwas abgeriebene Zitronenschale (unbehandelt)
Salz
frisch gemahlener Pfeffer
1 TL gerebelter Thymian
2 TL Senf
2 Lorbeerblätter
4 Zwiebeln
2 Kartoffeln
3 Möhren
1 Stange Porree (Lauch)
150 g Wirsing
4 Scheiben durchwachsener Speck

Zubereitungszeit:
110 Minuten

Pro Portion:
E: 37 g, F: 33 g, Kh: 17 g, kJ: 2308, kcal: 551

RAFFINIERT

1 Das Kalbfleisch unter fließendem kalten Wasser abspülen, trockentupfen und in etwa 2 cm große Würfel schneiden.

2 Zitronensaft und -schale mit Salz, Pfeffer, Thymian und Senf verrühren und mit den Lorbeerblättern und den Fleischwürfeln mischen.

3 Die Zwiebeln abziehen und in Stücke schneiden. Die Kartoffeln waschen, schälen, abspülen und in Würfel schneiden.

4 Die Möhren putzen, schälen, waschen und würfeln. Den Porree putzen, die Stange längs halbieren, waschen und in Streifen schneiden. Den Wirsing waschen und in Streifen schneiden.

5 Das Gemüse mit den Fleischwürfeln mischen und in den gewässerten Römertopf geben. Den Speck darauf legen. Den Topf mit dem Deckel verschließen und auf dem Rost in den kalten Backofen schieben.

Ober-/Unterhitze: 200–220 °C
Heißluft: 180–200 °C
Gas: etwa Stufe 4
Garzeit: etwa 90 Minuten.

6 Das gare Ragout umrühren und mit den Gewürzen abschmecken.

Tipp: *Nach Belieben noch saure Sahne unterrühren.*

Lamm-Gurken-Curry mit Joghurt

Zutaten

600 g Lammkeule (ohne Knochen)
1 Gemüsezwiebel (330 g)
2 Knoblauchzehen
½ TL rote Currypaste (Asia Laden)
Salz
frisch gemahlener Pfeffer
125 ml (⅛ l) Lammfond (aus dem Glas)
2 Schmorgurken (1 kg)
300 g Vollmilchjoghurt
100 g Mango-Chutney (aus dem Glas)
einige Minzeblättchen

Zubereitungszeit:
90 Minuten

Pro Portion:
E: 35 g, F: 24 g, Kh: 25 g, kJ: 2048, kcal: 489

RAFFINIERT

1 Lammkeule unter fließendem kalten Wasser abspülen und trockentupfen. Das Fleisch von Haut und Sehnen befreien und in 2–3 cm große Würfel schneiden. Gemüsezwiebel und Knoblauch abziehen. Zwiebel in Streifen, Knoblauch in Scheiben schneiden.

2 Die vorbereiteten Zutaten und Currypaste im gewässerten Römertopf mischen und mit Salz und Pfeffer würzen. Lammfond hinzugießen. Den Römertopf mit dem Deckel verschließen und auf dem Rost in den kalten Backofen schieben.

Ober-/Unterhitze: etwa 220 °C
Heißluft: etwa 200 °C
Gas: Stufe 4–5
Garzeit: etwa 75 Minuten.

3 In der Zwischenzeit Gurken schälen und der Länge nach halbieren. Die Kerne mit einem Löffel herauskratzen und die Gurken in Stücke schneiden.

4 Nach etwa 45 Minuten Garzeit die Gurkenstücke unter das Fleisch rühren und das Curry im geschlossenen Topf fertig garen.

5 Nach Beendigung der Garzeit Joghurt und Mango-Chutney in das Curry rühren. Mit Salz und Pfeffer abschmecken und mit Minzeblättchen garnieren.

Tipp: *Anstelle der roten Currypaste können Sie ersatzweise Chilipaste und Currypulver verwenden.*

Marinierte Hähnchenkeulen

Zutaten

140 g Ananasscheiben (aus der Dose)
4 Hähnchenkeulen (je etwa 200 g)
3 EL Sojasauce
1–2 EL süß-scharfe Chilisauce
1/2 TL frisch gemahlener Pfeffer
1 TL Currypulver
1 rote Paprikaschote
1 grüne Paprikaschote
1 Bund Frühlingszwiebeln
50 g Cashewkerne
Salz
220 g Maiskölbchen (aus dem Glas)

Zubereitungszeit:
90 Minuten, ohne Marinierzeit

Pro Portion:
E: 46 g, F: 12 g, Kh: 21 g, kJ: 1708, kcal: 408

FÜR GÄSTE

1 Die Ananasscheiben zum Abtropfen auf ein Sieb geben, den Saft dabei auffangen, Ananas in Stücke schneiden.

2 Die Hähnchenkeulen unter fließendem kalten Wasser abspülen und trockentupfen. Sojasauce mit Chilisauce, 6 Esslöffel Ananassaft, Pfeffer und Curry verrühren. Die Hähnchenkeulen damit bestreichen, mehrere Stunden marinieren, zwischendurch wenden und mit der Marinade bestreichen.

3 Die Paprika halbieren, entstielen, entkernen, die weißen Scheidewände entfernen, die Schoten waschen und in Streifen schneiden. Die Frühlingszwiebeln putzen, waschen und in 3 cm lange Stücke schneiden. Paprikastreifen, Frühlingszwiebeln und Ananasstücke vermischen und in den gewässerten Römertopf geben.

4 Den restlichen Ananassaft und Cashewkerne dazugeben und alles mit Salz bestreuen. Die Hähnchenkeulen mit der Marinade darauf geben. Den Topf mit dem Deckel verschließen und auf dem Rost in den kalten Backofen schieben.

Ober-/Unterhitze: 200–220 °C
Heißluft: 180–200 °C
Gas: Stufe 4–5
Garzeit: 60–70 Minuten.

5 Die garen Hähnchenkeulen herausnehmen und warm stellen. Maiskölbchen abtropfen lassen, unter das Gemüse rühren und nochmals kurz in den ausgeschalteten, noch warmen Backofen stellen. Das Gemüse abschmecken und zu den Hähnchenkeulen servieren.

Sommerliche Roulade

Zutaten

300 g Blattspinat
6 Zweige Thymian
700 g kleine Kartoffeln
4 EL Olivenöl
4 große, dünne Putenschnitzel (je 150 g)
frisch gemahlener Pfeffer
20 g weiche Kräuterbutter
400 g Tomaten
Salz

Außerdem:
Küchengarn

Zubereitungszeit:
90 Minuten

Pro Portion:
E: 43 g, F: 17 g, Kh: 37 g, kJ: 2111, kcal: 505

FÜR GÄSTE

1 Spinat verlesen, waschen, abtropfen lassen, in kochendes Salzwasser geben, aufkochen und in einem Sieb gut abtropfen lassen. Thymian abspülen, trockentupfen und klein zupfen.

2 Kartoffeln gründlich waschen und, falls nötig, halbieren. Kartoffeln, Thymian und Öl im gewässerten Römertopf mischen.

3 Putenschnitzel unter fließendem kalten Wasser abspülen, trockentupfen, nebeneinander ausbreiten, mit Pfeffer bestreuen und mit Kräuterbutter bestreichen. Spinat ausdrücken und darauf verteilen. Die Schnitzel aufrollen, mit Küchengarn umwickeln und auf die Kartoffeln legen. Den Römertopf mit dem Deckel verschließen und auf dem Rost in den kalten Backofen schieben.

Ober-/Unterhitze: etwa 220 °C
Heißluft: etwa 200 °C
Gas: Stufe 4–5
Garzeit: etwa 70 Minuten.

4 In der Zwischenzeit Tomaten waschen, halbieren, die Stängelansätze herausschneiden und Tomaten in grobe Würfel schneiden.

5 Nach etwa 60 Minuten Garzeit die Rouladen aus dem Topf nehmen. Tomaten in den Römertopf geben, mit den Kartoffeln mischen und mit Salz und Pfeffer würzen. Rouladen wieder auf das Gemüse legen und alles ohne Deckel fertig garen.

Zitronenhuhn mit Knoblauch

Zutaten

1 Poularde (küchenfertig, mindestens 1,2 kg)
Salz
frisch gemahlener Pfeffer
4 rote Zwiebeln (etwa 200 g)
3 Bio-Zitronen (unbehandelt, ungewachst)
1 Knoblauchknolle
1 Bund Zitronenthymian
6–8 kleine Kartoffeln
1 Bund Frühlingszwiebeln
100 ml Olivenöl
10 Cocktailtomaten

Zubereitungszeit:
35 Minuten

Pro Portion:
E: 45 g, F: 47 g, Kh: 7 g,
kJ: 2665, kcal: 637

FÜR GÄSTE

1 Poularde in acht Stücke teilen (Brust und Keulen jeweils halbieren). Die Poulardenstücke unter fließendem kalten Wasser abspülen und trockentupfen. Mit Salz und Pfeffer einreiben.

2 Zwiebeln abziehen und in Spalten schneiden. Zitronen heiß abwaschen, abtrocknen und in Scheiben schneiden. Knoblauch in einzelne Zehen teilen (nicht abziehen). Thymian abspülen und trockentupfen. Kartoffeln waschen und schälen, je nach Größe halbieren. Frühlingszwiebeln putzen, waschen und in Stücke schneiden.

3 Poulardenstücke, Zwiebelspalten, Zitronenscheiben, Knoblauchzehen, Kartoffeln und Frühlingszwiebeln in einen gewässerten Römertopf geben und gut vermengen. Olivenöl und die Hälfte des Thymians hinzufügen. Mit Salz und Pfeffer würzen.

4 Den Römertopf mit dem Deckel verschließen und auf dem Rost in den kalten Backofen schieben.

Ober-/Unterhitze: etwa 200 °C
Heißluft: etwa 180 °C
Gas: Stufe 3–4
Garzeit: etwa 80 Minuten.

5 Cocktailtomaten waschen und trockentupfen. Die Blättchen von den restlichen Thymianzweigen zupfen, die Zutaten nach etwa 65 Minuten Garzeit hinzufügen und weitere 15 Minuten ohne Deckel garen.

Abwandlung: *Nach Belieben Zitronenscheiben durch Zitronenstreifen ersetzen.*
Tipp: *Das hierbei entstandene Zitronenöl dient als Sauce oder Dip und kann gut mit Ciabatta aufgenommen werden. Servieren Sie das Zitronenhuhn mit einem Orangen-Fenchel-Salat.*

Putenragout mit Meerrettich

Zutaten

500 g Porree (Lauch)
150 ml Schlagsahne
100 ml Hühnerbrühe
800 g Putenbrustfilet
Salz
frisch gemahlener Pfeffer
50 g geriebener Meerrettich (aus dem Glas)
20 g Weizenmehl
1–2 TL Zitronensaft

Zubereitungszeit:
90 Minuten

Pro Portion:
E: 52 g, F: 14 g, Kh: 10 g,
kJ: 1733, kcal: 414

FÜR GÄSTE

1 Porree putzen, waschen und in 2 cm lange Stücke schneiden. Die Porreestücke mit 50 ml Sahne und der Hühnerbrühe in dem gewässerten Römertopf mischen.

2 Putenbrustfilet unter fließendem kalten Wasser abspülen, trockentupfen, in 2–3 cm große Würfel schneiden und rundherum mit Salz und Pfeffer würzen. Fleischwürfel in eine Schüssel geben. Nacheinander Meerrettich und Mehl unterrühren.

3 Das Fleisch in den Römertopf geben und mit den anderen Zutaten mischen. Den Römertopf mit dem Deckel verschließen und auf dem Rost in den kalten Backofen schieben.

Ober-/Unterhitze: etwa 220 °C
Heißluft: etwa 200 °C
Gas: Stufe 4–5
Garzeit: etwa 60 Minuten.

4 Nach Beendigung der Garzeit die restliche Sahne unter das Ragout rühren. Das Ragout mit Salz, Pfeffer und Zitronensaft abschmecken.

Tipp: *Dazu passen grüne Bandnudeln, Salzkartoffeln oder Reis.*

Hähnchenkeulen auf Tomatengemüse

Zutaten

3–4 Knoblauchzehen
150 g Zwiebeln
250 g Staudensellerie
4 Hähnchenkeulen (je 250 g)
abgeriebene Schale von
½ Zitrone (unbehandelt)
frisch gemahlener Pfeffer
1 TL gemahlener Koriander
½ TL Paprikapulver edelsüß
Salz
400 ml Hühnerbrühe
1,5 kg Tomaten
2 Dosen Riesenbohnen
(je 250 g Abtropfgewicht,
ersatzweise weiße Bohnen)
30 g Tomatenmark

Zubereitungszeit:
90 Minuten

Pro Portion:
E: 22 g, F: 5 g, Kh: 25 g,
kJ: 1011, kcal: 243

FÜR GÄSTE

1 Knoblauch abziehen und in Scheiben schneiden. Zwiebeln abziehen, halbieren und in Spalten schneiden. Staudensellerie putzen, waschen, die harten Außenfäden abziehen und etwas Grün zum Garnieren zurücklassen. Die Selleriestangen in dünne Scheiben schneiden.

2 Die Hähnchenkeulen unter fließendem kalten Wasser abspülen und trockentupfen. Zitronenschale mit Pfeffer, Koriander, Paprika und etwas Salz mischen und die Hähnchenkeulen damit bestreuen.

3 Sellerie, Brühe, Zwiebeln und Knoblauch in den gewässerten Römertopf geben. Hähnchenkeulen auf das Gemüse legen. Den Topf mit dem Deckel verschließen und auf dem Rost in den kalten Backofen schieben.

Ober-/Unterhitze: etwa 200 °C
Heißluft: etwa 180 °C
Gas: etwa Stufe 4
Garzeit: etwa 70 Minuten.

4 In der Zwischenzeit Tomaten waschen, abtrocknen, die Stängelansätze herausschneiden und Tomaten waagerecht halbieren. Die Bohnen in einem Sieb abspülen und abtropfen lassen.

5 Nach etwa 45 Minuten Garzeit die Hähnchenkeulen aus dem Römertopf nehmen. Tomaten, Bohnen und Tomatenmark unter das Selleriegemüse mischen und mit Salz und Pfeffer würzen. Die Hähnchenkeulen wieder auf das Gemüse legen und alles ohne Deckel etwa 25 Minuten weitergaren.

6 Das Tomatengemüse mit Salz, Pfeffer und Paprika abschmecken. Das zurückgelassene Selleriegrün hacken, darüber streuen und zu den Hähnchenkeulen servieren.

Hähnchenstücke im Gemüsesud (Titelrezept)

Zutaten

1 Zwiebel
2 Knoblauchzehen
3 rote Paprikaschoten (500 g)
750 g kleine Kartoffeln
1 Bund gemischte Kräuter
150 ml Gemüsebrühe
250 g passierte Tomaten
Salz
frisch gemahlener Pfeffer
4 Hähnchenkeulen (mit Rückenstück, je 250 g)
Paprikapulver edelsüß
1 Bund Frühlingszwiebeln

Zubereitungszeit:
1 ¾ Stunden

Pro Portion:
E: 56 g, F: 8 g, Kh: 36 g, kJ: 1962, kcal: 468

FÜR KINDER

1 Zwiebel abziehen, in Ringe schneiden, Knoblauch abziehen und würfeln. Paprikaschoten halbieren, entstielen, entkernen, die weißen Scheidewände entfernen, die Schoten waschen und in Würfel schneiden.

2 Kartoffeln schälen, waschen. Kräuter abspülen, trockentupfen, die Blättchen von den Stängeln zupfen (einige zum Garnieren zurücklassen) und hacken.

3 Die vorbereiteten Zutaten mit Gemüsebrühe und Tomaten in dem gewässerten Römertopf mischen und mit Salz und Pfeffer würzen.

4 Hähnchenkeulen unter fließendem kalten Wasser abspülen, trockentupfen, im Gelenk durchschneiden, mit Salz, Pfeffer und Paprikapulver würzen und auf das Gemüse legen. Den Römertopf mit dem Deckel verschließen und auf dem Rost in den kalten Backofen schieben.

Ober-/Unterhitze: etwa 220 °C
Heißluft: etwa 200 °C
Gas: Stufe 4–5
Garzeit: etwa 75 Minuten.

5 In der Zwischenzeit Frühlingszwiebeln putzen, waschen und in etwa 2 cm lange Stücke schneiden.

6 Nach etwa 60 Minuten Garzeit die Hähnchenkeulen aus dem Sud nehmen. Frühlingszwiebeln unter das Gemüse mischen. Hähnchenstücke wieder darauf legen und alles ohne Deckel fertig garen.

7 Die Hähnchenstücke herausnehmen. Den Gemüsesud mit Salz, Pfeffer und Paprikapulver abschmecken. Hähnchenstücke im Gemüsesud anrichten und mit den zurückgelassenen Kräuterblättchen garnieren.

Kaninchen mit Paprika

Zutaten

1 küchenfertiges Kaninchen (etwa 1 1/2 kg)
250 g Schalotten
je 1 kleine gelbe, rote und grüne Paprikschote
10 Salbeiblätter
1 kleiner Zweig Rosmarin
2 Knoblauchzehen
Salz
frisch gemahlener Pfeffer
125 ml (1/8 l) Schlagsahne

Zubereitungszeit:
75 Minuten

Pro Portion:
E: 78 g, F: 37 g, Kh: 17 g, kJ: 3299, kcal: 787

FÜR GÄSTE

1 Das Kaninchen unter fließendem kalten Wasser abspülen, trockentupfen und in 8 Teile schneiden.

2 Die Schalotten abziehen und halbieren. Die Paprika halbieren, entstielen, entkernen, die weißen Scheidewände entfernen, die Schoten waschen und in Streifen schneiden.

3 Salbeiblätter und Rosmarin abspülen und trockentupfen. Knoblauch abziehen und in kleine Würfel schneiden. Die Kaninchenteile mit Salz und Pfeffer einreiben.

4 Paprikastreifen, Schalotten, Knoblauch, Salbei und Rosmarin in den gewässerten Römertopf geben. Die Kaninchenteile – mit Ausnahme des Rückens – darauf legen. Den Römertopf mit dem Deckel verschließen und auf dem Rost in den kalten Backofen schieben.

Ober-/Unterhitze: etwa 200 °C
Heißluft: etwa 180 °C
Gas: Stufe 3–4
Garzeit: etwa 60 Minuten.

4 Nach etwa 30 Minuten Garzeit den Rücken dazugeben und fertig garen. Die garen Kaninchenteile herausnehmen und warm stellen.

5 Die Sahne in den Bratensatz geben, umrühren, evtl. nochmals abschmecken, zu dem Kaninchen servieren.

Tipp: *Dazu passt Polenta oder Knoblauchbaguette.*

Rehragout mit Weintrauben

Zutaten

800 g schieres Rehfleisch (aus der Keule)
200 g Schalotten
1 TL gemahlener Koriander
Salz
frisch gemahlener Pfeffer
2 Lorbeerblätter
125 ml (⅛ l) roter Traubensaft
350 g grüne Weintrauben
Zitronensaft

Zubereitungszeit:
1 ¾ Stunden

Pro Portion:
E: 47 g, F: 3 g, Kh: 24 g,
kJ: 1459, kcal: 349

ETWAS TEURER

1 Rehfleisch unter fließendem kalten Wasser abspülen und trockentupfen. Das Fleisch erst der Länge nach in breite Streifen, dann quer in dünne Scheiben schneiden.

2 Schalotten abziehen und in Spalten schneiden. Fleischwürfel, Koriander, Salz, Pfeffer, Schalottenspalten und Lorbeerblätter in dem gewässerten Römertopf mischen. Traubensaft darüber gießen. Den Römertopf mit dem Deckel verschließen und auf dem Rost in den kalten Backofen schieben.

Ober-/Unterhitze: etwa 220 °C
Heißluft: etwa 200 °C
Gas: Stufe 4–5
Garzeit: etwa 75 Minuten.

3 In der Zwischenzeit Weintrauben heiß abwaschen und mit Küchenpapier trockentupfen. Trauben halbieren und entkernen.

4 Nach etwa 60 Minuten Garzeit die Trauben unter das Fleisch mischen und das Ganze im geschlossenen Topf fertig garen. Mit Salz, Pfeffer und Zitronensaft abschmecken.

Abwandlung: *Den Traubensaft durch Cidre ersetzen und anstelle von Trauben Apfelstücke verwenden.*

Viktoriabarsch mit Paprikagemüse

Zutaten

700 g Gemüsezwiebeln
1–2 Knoblauchzehen
125 ml (1/8 l) Fischfond (aus dem Glas)
3 EL Olivenöl
je 1 kleine grüne, rote und gelbe Paprikaschote
30 g schwarze, entsteinte Oliven
4 Scheiben Viktoriabarschfilet (je 150 g)
1 EL Zitronensaft
Salz
frisch gemahlener Pfeffer
1 TL gehackte Rosmarinnadeln
3 EL Olivenöl

Zubereitungszeit:
65 Minuten

Pro Portion:
E: 32 g, F: 21 g, Kh: 13 g,
kJ: 1639, kcal: 392

RAFFINIERT

1 Die Gemüserwiebeln abziehen, halbieren und in halbe Ringe schneiden. Knoblauch abziehen und in Scheiben schneiden.

2 Zwiebeln und Knoblauch mit Fischfond und Öl in den gewässerten Römertopf geben, mit dem Deckel verschließen und auf dem Rost in den kalten Backofen schieben.

Ober-/Unterhitze: etwa 200 °C
Heißluft: etwa 180 °C
Gas: Stufe 3–4
Garzeit: etwa 60 Minuten.

3 In der Zwischenzeit die Paprika halbieren, entstielen, entkernen, die weißen Scheidewände entfernen, die Schoten waschen und in Würfel schneiden. Die Oliven in Spalten schneiden.

4 Das Viktoriabarschfilet unter fließendem kalten Wasser abspülen, trockentupfen, mit Zitronensaft beträufeln und trockentupfen.

5 Nach etwa 30 Minuten Garzeit das Zwiebelgemüse mit Salz und Pfeffer würzen. Das Fischfilet darauf legen, salzen und mit Rosmarin, Paprikawürfeln und Olivenspalten bestreuen. Das Ganze mit Öl beträufeln und im geschlossenen Topf fertig garen.

Fischrollen auf Lauchgemüse

Zutaten

4 Scheiben Rotbarschfilets (je 150 g)
Zitronensaft
Salz
8 Scheiben Schinkenspeck
Senf
frisch gemahlener Pfeffer
etwa 800 g Porree (Lauch)
50 g Butter
1 EL Schnittlauchröllchen
Zitronenscheiben

Zubereitungszeit:
80 Minuten

Pro Portion:
E: 35 g, F: 55 g, Kh: 5 g,
kJ: 2874, kcal: 686

FÜR GÄSTE

1 Die Rotbarschfiletscheiben unter fließendem kalten Wasser abspülen, trockentupfen, mit Zitronensaft beträufeln, trockentupfen und mit Salz bestreuen.

2 Je 1 Filetscheibe zwischen 2 Scheiben Speck legen. Jeweils die obere Speckscheibe mit Senf bestreichen, mit Pfeffer bestreuen und aufrollen.

3 Den Porree putzen, längs halbieren, waschen und in etwa 2 cm lange Stücke schneiden. Den Porree in den gewässerten Römertopf geben und mit Salz und Pfeffer würzen. Die Fischrollen darauf legen.

4 Die Butter in Flöckchen darauf setzen. Den Römertopf mit dem Deckel verschließen und auf dem Rost in den kalten Backofen schieben.

Ober-/Unterhitze: 200–220 °C
Heißluft: 180–200 °C
Gas: Stufe 4–5
Garzeit: etwa 60 Minuten.

5 Die garen Fischrollen mit Schnittlauch bestreuen und mit Zitronenscheiben auf dem Lauchgemüse anrichten.

Beilage: *Butterreis.*

Tipp: *Die Fischrollen können auch mit Seelachs- oder Schollenfilet zubereitet werden.*

Pichelsteiner mit Fisch

Zutaten

200 g TK-Muschelfleisch
2 Knoblauchzehen
300 g Kartoffeln
200 g Möhren
1 kleiner Kohlrabi (200 g)
1 Stange Porree (Lauch, 150 g)
150 g Broccoli
1 Lorbeerblatt
Salz
frisch gemahlener Pfeffer
500 ml (½ l) Gemüsebrühe
3 EL Olivenöl
2 Forellenfilets ohne Haut (250 g)
250 g Rotbarschfilet
8 küchenfertige Garnelen ohne Schale (160 g)
etwas Zitronensaft
Kerbel

Zubereitungszeit:
2 Stunden

Pro Portion:
E: 42 g, F: 15 g, Kh: 28 g, kJ: 1782, kcal: 425

ETWAS TEURER

1 Muschelfleisch bis zur weiteren Verwendung antauen lassen.

2 Knoblauch abziehen und in Scheiben schneiden. Kartoffeln waschen, schälen, abspülen und in Spalten schneiden. Möhren und Kohlrabi putzen, schälen und waschen. Porree putzen, die Stange längs halbieren und waschen. Möhren, Kohlrabi und Porree in feine Streifen schneiden. Broccoli waschen, putzen und in Röschen teilen.

3 Das vorbereitete Gemüse in dem gewässerten Römertopf mischen, Lorbeerblatt hinzufügen und mit Salz und Pfeffer würzen. Gemüsebrühe und Öl darüber gießen. Den Römertopf mit dem Deckel verschließen und auf dem Rost in den kalten Backofen schieben.

Ober-/Unterhitze: etwa 200 °C
Heißluft: etwa 180 °C
Gas: Stufe 3–4
Garzeit: etwa 75 Minuten.

4 In der Zwischenzeit Forellen- und Rotbarschfilets unter fließendem kalten Wasser abspülen, trockentupfen und in Stücke schneiden. Garnelen unter fließendem kalten Wasser abspülen und trockentupfen.

5 Nach etwa 60 Minuten Garzeit Muschelfleisch, Garnelen und Fischstücke in den Römertopf geben und unterheben. Das Ganze im geschlossenen Topf fertig garen.

6 Den Pichelsteiner mit Salz, Pfeffer und Zitronensaft abschmecken und mit Kerbel garnieren.

Rotbarschfilet süß-sauer

Zutaten

3 Zwiebeln
400 g Kartoffeln
200 g Porree (Lauch)
2 TL Senfkörner
2 Lorbeerblätter
Salz
frisch gemahlener Pfeffer
375 ml (⅜ l) Gemüsebrühe
1 Glas eingelegte Kürbisstücke (Abtropfgewicht 400 g)
600 g Rotbarschfilet
½ Bund Dill
6 EL Kürbisflüssigkeit
Cayennepfeffer
1 Prise Zucker

Zubereitungszeit:
90 Minuten

Pro Portion:
E: 32 g, F: 7 g, Kh: 22 g,
kJ: 1237, kcal: 295

RAFFINIERT

1 Zwiebeln abziehen und in Spalten schneiden. Kartoffeln waschen, schälen, abspülen und der Länge nach in dünne Spalten schneiden. Porree putzen, die Stangen längs halbieren, waschen und in halbe Ringe schneiden.

2 Das vorbereitete Gemüse mit Senfkörnern und Lorbeerblättern in dem gewässerten Römertopf mischen und mit Salz und Pfeffer würzen.

3 Gemüsebrühe dazugießen. Den Römertopf mit dem Deckel verschließen und auf dem Rost in den kalten Backofen schieben.

Ober-/Unterhitze: etwa 200 °C
Heißluft: etwa 180 °C
Gas: Stufe 3–4
Garzeit: etwa 60 Minuten.

4 In der Zwischenzeit Kürbis in einem Sieb abtropfen lassen, dabei die Flüssigkeit auffangen und 6 Esslöffel abmessen. Rotbarschfilet unter fließendem kalten Wasser abspülen, trockentupfen, in mundgerechte Stücke schneiden und salzen.

5 Nach etwa 45 Minuten Garzeit Fisch- und Kürbisstücke unter das Gemüse mischen. Das Ganze ohne Deckel fertig garen.

6 Dill abspülen, trockentupfen, bis auf einige Zweige zum Garnieren hacken und untermischen. Kürbisflüssigkeit unterrühren. Den Eintopf mit Salz, Cayennepfeffer und Zucker abschmecken und mit Dillzweigen garnieren.

Tipp: *Sie können natürlich auch TK-Rotbarschfilet verwenden (vorher auftauen lassen).*

Kabeljaukoteletts auf Zucchini-Risotto

Zutaten

2 Zwiebeln
1 gelbe oder grüne Zucchini (300 g)
1 Fenchelknolle (350 g)
200 g Risottoreis, z. B. Arborio Reis
1 Glas (400 ml) Fischfond
200 ml Schlagsahne
Salz
frisch gemahlener Pfeffer
Cayennepfeffer
4 Kabeljaukoteletts (je 150 g)

Zubereitungszeit:
90 Minuten

Pro Portion:
E: 36 g, F: 17 g, Kh: 48 g, kJ: 2062, kcal: 492

FÜR GÄSTE

1 Zwiebeln abziehen und fein würfeln. Zucchini waschen, abtrocknen, die Enden abschneiden und Zucchini in feine Würfel schneiden.

2 Von der Fenchelknolle die Stiele dicht oberhalb der Knolle abschneiden, braune Stellen und Blätter entfernen (etwas Fenchelgrün beiseite legen), das Wurzelende gerade schneiden, die Knolle waschen, vierteln und in feine Würfel schneiden.

3 Das vorbereitete Gemüse mit Reis, Fischfond und Sahne im gewässerten Römertopf mischen und mit Salz, Pfeffer und Cayennepfeffer würzen. Den Römertopf mit dem Deckel verschließen und auf dem Rost in den kalten Backofen schieben.

Ober-/Unterhitze: etwa 200 °C
Heißluft: etwa 180 °C
Gas: Stufe 3–4
Garzeit: etwa 70 Minuten.

4 In der Zwischenzeit Kabeljaukoteletts unter fließendem kalten Wasser abspülen, trockentupfen und salzen.

5 Nach etwa 55 Minuten Garzeit den Risotto umrühren, die Kabeljaukoteletts darauf legen und im geschlossenen Topf fertig garen. Mit dem Fenchelgrün garnieren.

Pikanter Fischauflauf

Zutaten

1 kg Kartoffeln
500 g Schollenfilet
Zitronensaft
Salz
125 ml (1/8 l) heiße Milch
40 g Butter
3 Zwiebeln
100 g geräucherter, durchwachsener Speck
375 g Tomaten
frisch gemahlener Pfeffer
75 g geriebener Emmentaler oder mittelalter Gouda

Zubereitungszeit:
80 Minuten

Pro Portion:
E: 38 g, F: 26 g, Kh: 44 g,
kJ: 2479, kcal: 592

FÜR GÄSTE

1 Die Kartoffeln waschen, schälen, abspülen, in Stücke schneiden, in Salzwasser zum Kochen bringen und in etwa 15 Minuten gar kochen lassen.

2 In der Zwischenzeit das Schollenfilet unter fließendem kalten Wasser abspülen, trockentupfen, mit Zitronensaft beträufeln, abtupfen und mit Salz bestreuen.

3 Die garen Kartoffeln abgießen, abdämpfen, mit Milch und Butter zerstampfen, etwas abkühlen lassen und in den gewässerten Römertopf geben. Das Fischfilet darauf legen.

4 Zwiebeln abziehen und würfeln. Speck in Würfel schneiden, in einer Pfanne auslassen, die Zwiebeln darin goldgelb dünsten und alles über den Fisch verteilen.

5 Tomaten waschen, die Stängelansätze herausschneiden, Tomaten in Scheiben schneiden und schuppenförmig auf den Fisch legen. Mit Salz und Pfeffer bestreuen und den Käse darüber streuen. Den Römertopf mit dem Deckel verschließen, auf dem Rost in den kalten Backofen schieben.

Ober-/Unterhitze: 200–220 °C
Heißluft: 180–200 °C
Gas: Stufe 4–5
Garzeit: 40–50 Minuten.

Tipp: *Anstelle des frischen Fischfilets kann auch tiefgekühltes verwendet werden. Die Filets vor der Verarbeitung auftauen lassen.*

Fischragout

Zutaten

250 g TK-dicke-Bohnen
1 Zwiebel
1 Knoblauchzehe
1 Fenchelknolle (300 g)
1 rote Paprikaschote (200 g)
200 g Vollkornreis
1 TL Fenchelsamen
Salz
frisch gemahlener Pfeffer
1 Glas (400 ml) Fischfond
600 g Lengfischfilet
1 Becher (150 g)
Crème fraîche

Zubereitungszeit:
90 Minuten

Pro Portion:
E: 44 g, F: 13 g, Kh: 58 g,
kJ: 2249, kcal: 537

EINFACH

1 Bohnen bis zur weiteren Verwendung antauen lassen. Zwiebel und Knoblauch abziehen und fein würfeln. Von der Fenchelknolle die Stiele dicht oberhalb der Knolle abschneiden, braune Stellen und Blätter entfernen (etwas Fenchelgrün zum Garnieren beiseite legen), das Wurzelende gerade schneiden, die Knolle waschen, vierteln und in Streifen schneiden.

2 Paprikaschote halbieren, entstielen, entkernen, die weißen Scheidewände entfernen, die Schote waschen und in Streifen schneiden.

3 Die vorbereiteten Zutaten mit Bohnen, Reis, Fenchelsamen, Salz und Pfeffer im gewässerten Römertopf mischen. Fischfond darüber gießen. Den Römertopf mit dem Deckel verschließen und auf dem Rost in den kalten Backofen schieben.

Ober-/Unterhitze: etwa 200 °C
Heißluft: etwa 180 °C
Gas: Stufe 3–4
Garzeit: etwa 60 Minuten.

4 In der Zwischenzeit Fischfilet unter fließendem kalten Wasser abspülen, trockentupfen und grob würfeln. Nach 45 Minuten Garzeit die Fischwürfel unter den Gemüsereis heben und das Ragout im geschlossenen Topf fertig garen.

5 Crème fraîche unterrühren und das Fischragout mit Salz und Pfeffer abschmecken. Mit Fenchelgrün garnieren.

Tipp: *Anstelle von 600 g Lengfischfilet können Sie auch je 300 g Lengfisch- und Thunfischfilet verwenden.*

Gemüse-Fisch-Eintopf

Zutaten

250 g grüne Bohnen
400 g Kartoffeln
1/2 Gemüsezwiebel (etwa 150 g)
250 g Champignons
Salz
frisch gemahlener Pfeffer
gerebeltes Bohnenkraut
50 g Butter
600 g Kabeljaufilet
evtl. 4 EL Schmand oder Crème fraîche

Zubereitungszeit:
90 Minuten

Pro Portion:
E: 31 g, F: 17 g, Kh: 21 g, kJ: 1603, kcal: 382

FÜR GÄSTE

1 Die Enden der grünen Bohnen abschneiden, die Bohnen evtl. abfädeln, waschen und in Stücke schneiden oder brechen. Die Kartoffeln waschen, schälen, abspülen und in kleine Würfel schneiden.

2 Die Zwiebelhälfte abziehen und in Scheiben schneiden. Die Champignons putzen, mit Küchenpapier abreiben, evtl. abspülen und in Stücke schneiden.

3 Die vorbereiteten Zutaten mischen, mit Salz, Pfeffer und Bohnenkraut würzen, in den gewässerten Römertopf geben und Butter in Flöckchen darauf verteilen. Den Topf mit dem Deckel verschließen und auf dem Rost in den kalten Backofen schieben.

Ober-/Unterhitze: etwa 220 °C
Heißluft: etwa 200 °C
Gas: Stufe 4–5
Garzeit: etwa 65 Minuten.

4 In der Zwischenzeit das Kabeljaufilet unter fließendem kalten Wasser abspülen, trockentupfen, mit Salz und Pfeffer bestreuen und in große Würfel schneiden. Nach etwa 50 Minuten Garzeit den Kabeljau auf das Gemüse geben und den Eintopf fertig garen.

5 Nach Belieben zum Schluss noch Schmand oder Crème fraîche unter den Eintopf rühren.

Tipp: *Zu dem Gemüse-Fisch-Eintopf frisches Weißbrot und einen herben Weißwein reichen.*

Rotbarschfilet mit Gemüse

Zutaten

400 g Möhren
400 g Porree (Lauch)
2 Zwiebeln
750 g Rotbarschfilet
Salz
frisch gemahlener Pfeffer
250 ml (¼ l) trockener Weißwein
1 EL Zitronensaft
50 g Butter
3 EL heller Saucenbinder
3 EL Crème fraîche
2 EL gehackte Kräuter, z. B. Dill, Petersilie und Schnittlauch
Kerbelblätter

Zubereitungszeit:
90 Minuten

Pro Portion:
E: 39 g, F: 21 g, Kh: 18 g, kJ: 1990, kcal: 475

FÜR GÄSTE

1 Möhren putzen, schälen und waschen. Porree putzen, die Stangen längs halbieren und waschen. Die beiden Zutaten in feine Streifen schneiden. Zwiebeln abziehen und fein würfeln. Rotbarschfilet waschen, trockentupfen und in breite Streifen schneiden.

2 Das vorbereitete Gemüse in dem gewässerten Römertopf mischen und mit Salz und Pfeffer würzen. Wein und Zitronensaft darüber gießen.

3 Die Fischstreifen mit Salz und Pfeffer würzen und auf das Gemüse legen. Butter in Flöckchen auf dem Fisch verteilen. Den Römertopf mit dem Deckel verschließen und auf dem Rost in den kalten Backofen schieben.

Ober-/Unterhitze: etwa 200 °C
Heißluft: etwa 180 °C
Gas: Stufe 3–4
Garzeit: etwa 60 Minuten.

4 Nach etwa 55 Minuten Garzeit die Fischstücke vorsichtig aus dem Römertopf nehmen und warm stellen. Saucenbinder in das Gemüse rühren. Das Ganze im geschlossenen Topf fertig garen.

5 Crème fraîche und gehackte Kräuter unter das Gemüse rühren und mit Salz und Pfeffer abschmecken. Den Fisch auf dem Gemüse anrichten und mit Kerbel garnieren.

Lachsforelle in Wirsinghülle

Zutaten

1 Kopf Wirsing (etwa 1,2 kg)
80 g rote Linsen
15 g frischer Ingwer
1 EL Honig (30 g)
½ TL gemahlener Anis
Salz
Cayennepfeffer
2 Schalotten
1 filetierte Lachsforelle (ohne Haut, etwa 600 g)
100 ml trockener Weißwein
100 ml Fischfond (aus dem Glas)
100 ml Schlagsahne

Zubereitungszeit:
90 Minuten

Pro Portion:
E: 43 g, F: 13 g, Kh: 30 g, kJ: 1884, kcal: 449

RAFFINIERT

1 Die groben äußeren Blätter des Wirsings lösen, 12 Blätter abtrennen, waschen und die dicken Blattrippen flach schneiden. Blätter in kochendes Salzwasser geben, etwa 4 Minuten kochen lassen, kalt abschrecken und abtropfen lassen. Den übrigen Wirsingkopf vierteln, den Strunk herausschneiden, den Wirsing abspülen und 250 g davon in sehr feine Streifen schneiden. Kohlstreifen und 30 g Linsen in kochendes Salzwasser geben, 2 Minuten kochen und in einem Sieb abtropfen lassen.

2 Ingwer schälen und fein hacken. Vorgegarte Linsen und Kohlstreifen mit Honig, Ingwer und Anis mischen und mit Salz und Cayennepfeffer abschmecken. Schalotten abziehen und würfeln. Die blanchierten Kohlblätter mit Küchenpapier trockentupfen und leicht überlappend auf einem Geschirrtuch auf der Arbeitsplatte zu einem Quadrat (etwa 35 x 35 cm) auslegen.

3 Forellenfilets evtl. unter fließendem kalten Wasser abspülen, trockentupfen, eventuelle Gräten mit einer Pinzette entfernen und Filets salzen. Ein Filet auf die Kohlblätter legen, die Linsen-Kohl-Mischung darauf geben und mit dem zweiten Filet bedecken. Die Forelle mit Hilfe des Geschirrtuchs in die Kohlblätter wickeln, leicht andrücken, falls nötig, mit Küchengarn umwickeln und in den gewässerten Römertopf legen.

4 Schalottenwürfel, Weißwein, Fischfond und die restlichen Linsen in den Römertopf geben. Den Römertopf mit dem Deckel verschließen und auf dem Rost in den kalten Backofen schieben.

Ober-/Unterhitze: etwa 200 °C
Heißluft: etwa 180 °C
Gas: Stufe 3–4
Garzeit: etwa 50 Minuten.

5 Nach Beendigung der Garzeit den Sud mit Zwiebeln und Linsen in einen Topf gießen, mit Sahne aufkochen und pürieren. Die Lachsforelle aufschneiden und mit der Sauce anrichten.

Gefüllte Makrelen

Zutaten

2 rote Zwiebeln
2 Knoblauchzehen
2–3 Stangen Staudensellerie (150 g)
1 Bund glatte Petersilie
3 EL Tomatenmark
30 g abgezogene, gemahlene Mandeln
Salz
frisch gemahlener Pfeffer
2 küchenfertige Makrelen (je 400 g)
3 dicke Scheiben Kastenweißbrot (150 g)
7 EL Olivenöl

Zubereitungszeit:
75 Minuten

Pro Portion:
E: 31 g, F: 42 g, Kh: 25 g, kJ: 2665, kcal: 637

FÜR GÄSTE

1 Zwiebeln und Knoblauch abziehen und fein würfeln. Staudensellerie putzen (dabei das Grün beiseite legen) waschen, die harten Außenfäden abziehen und die Stangen in sehr feine Würfel schneiden. Petersilie abspülen, trockentupfen und hacken.

2 Knoblauch, Sellerie und Petersilie mit Tomatenmark und Mandeln verrühren. Mit Salz und Pfeffer würzen. Makrelen unter fließendem kalten Wasser abspülen und trockentupfen.

3 Die Brotscheiben in den gewässerten Römertopf legen. Zwiebelwürfel darüber streuen und mit 6 Esslöffeln Öl beträufeln. Die Selleriemischung in die Makrelen füllen, die Fische auf das Brot legen und mit dem restlichen Öl bestreichen. Den Römertopf mit dem Deckel verschließen und auf dem Rost in den kalten Backofen schieben.

Ober-/Unterhitze: etwa 200 °C
Heißluft: etwa 180 °C
Gas: Stufe 3–4
Garzeit: etwa 45 Minuten.

4 Die Makrelen mit dem zurückgelassenen Selleriegrün anrichten.

Tipp: *Anstelle der Makrelen können auch küchenfertige Forellen verwendet werden.*

Schwarzwurzel-Gratin

Zutaten

2 Gläser Schwarzwurzeln (je 320 g Abtropfgewicht)
4 Eier
2 Becher (je 150 g) Crème fraîche
Salz
frisch gemahlener Pfeffer
gemahlene Muskatnuss
2 Bund Frühlingszwiebeln
40 g Pinienkerne

Zubereitungszeit:
60 Minuten

Insgesamt:
E: 15 g, F: 35 g, Kh: 22 g,
kJ: 2012, kcal: 480

RAFFINIERT

1 Die Schwarzwurzeln auf ein Sieb geben und abtropfen lassen. Eier und Crème fraîche verrühren und mit Salz, Pfeffer und Muskat würzen. Frühlingszwiebeln putzen, waschen und in dünne Ringe schneiden.

2 Schwarzwurzeln und Frühlingszwiebelringe mischen und in den gewässerten Römertopf geben. Die Eiermasse darüber gießen und mit Pinienkernen bestreuen. Den Topf mit dem Deckel verschließen und auf dem Rost in den kalten Backofen schieben.

Ober-/Unterhitze: etwa 220 °C
Heißluft: etwa 200 °C
Gas: Stufe 4–5
Garzeit: 45–50 Minuten.

3 Nach etwa 30 Minuten Garzeit den Deckel abnehmen und das Gemüse noch 15–20 Minuten überbacken.

Tipp: *Dazu passen Lammkoteletts mit Kräuterbutter.*

Kartoffelauflauf mit Bacon

Zutaten

750 g mehlig kochende Kartoffeln
1 Bund Frühlingszwiebeln
150 g Bacon (Frühstücksspeck)
Salz
frisch gemahlener Pfeffer
125 ml (1/8 l) Gemüsebrühe
40 g Semmelbrösel
50 g Butter

Zubereitungszeit:
70 Minuten

Pro Portion:
E: 9 g, F: 31 g, Kh: 37 g,
kJ: 2007, kcal: 479

FÜR GÄSTE

1 Die Kartoffeln waschen, schälen, abspülen und in Scheiben schneiden. Die Frühlingszwiebeln putzen, waschen und in feine Scheiben schneiden.

2 Eine gewässerte Farmhaus-Kastenform mit dem Bacon auslegen. Kartoffel- und Frühlingszwiebelscheiben abwechselnd in die Form schichten, dabei jede Schicht mit Salz und Pfeffer bestreuen. Die letzte Schicht sollte aus Kartoffeln bestehen.

3 Die Gemüsebrühe darüber geben, mit Semmelbröseln bestreuen und die Butter in Flöckchen darauf setzen. Die Kastenform auf dem Rost in den kalten Backofen schieben.

Ober-/Unterhitze: etwa 200 °C
Heißluft: etwa 180 °C
Gas: Stufe 3–4
Garzeit: etwa 50 Minuten.

Abwandlung: *Zur Abwechslung kann der Kartoffelauflauf auch auf ungarische Art zubereitet werden. Dazu 1 kg Pellkartoffeln (vom Vortag), 3–4 hart gekochte Eier und 2 Mettwürstchen (Rauchenden) in Scheiben schneiden und abwechselnd in den gewässerten Römertopf schichten. Dabei jede Schicht mit etwas von 50 g zerlassener Butter begießen und mit Salz bestreuen. Die oberste Schicht sollte aus Kartoffeln bestehen.*
125 g saure Sahne über die Kartoffeln verteilen, den Römertopf mit dem Deckel verschließen und den Auflauf bei der oben angegebenen Temperatur etwa 45 Minuten garen. Etwa 10 Minuten vor Beendigung der Garzeit den Deckel abnehmen und den Auflauf fertig garen.

ARMHAUS

Kohlrabiauflauf

Zutaten

- etwa 1 kg Kohlrabi
- 40 g Butter
- 125 ml (⅛ l) Gemüsebrühe
- 1 kleine Zwiebel
- 30 g Butter oder Margarine
- 25 g Weizenmehl
- 125 ml (⅛ l) Milch
- 375 g Gehacktes (halb Rind-, halb Schweinefleisch)
- 1 Ei (Größe M)
- Salz
- frisch gemahlener Pfeffer
- geriebene Muskatnuss
- 40 g geriebener Gouda
- 30 g Butter

Zubereitungszeit:
90 Minuten

Pro Portion:
E: 27 g, F: 49 g, Kh: 14 g, kJ: 2681, kcal: 640

FÜR KINDER

1 Kohlrabi putzen, schälen, waschen und in Stifte schneiden. Butter in einem Topf zerlassen und die Kohlrabistifte darin andünsten.

2 Gemüsebrühe hinzufügen, zum Kochen bringen und Kohlrabi in etwa 10 Minuten gar kochen. Kohlrabi in einem Sieb abtropfen lassen, dabei das Kochwasser auffangen.

3 Zwiebel abziehen und würfeln. Butter oder Margarine zerlassen, Zwiebelwürfel und Mehl unter Rühren so lange darin erhitzen, bis das Mehl hellgelb ist.

4 Das Kohlrabikochwasser mit der Milch hinzugießen und mit einem Schneebesen durchschlagen, dabei darauf achten, dass keine Klümpchen entstehen. Die Sauce zum Kochen bringen und etwa 5 Minuten kochen lassen.

5 Gehacktes mit dem Ei vermengen, mit Salz, Pfeffer und Muskat abschmecken und mit der Sauce vermengen. Kohlrabistifte und Gehacktes-Saucen-Masse abwechselnd in den gewässerten Römertopf geben, mit Gouda bestreuen und Butter in Flöckchen darauf legen. Den Römertopf mit dem Deckel verschließen und in den kalten Backofen schieben.

Ober-/Unterhitze: 200–220 °C
Heißluft: 180–200 °C
Gas: etwa Stufe 4
Garzeit: 45–55 Minuten.

Tipp: *Anstelle von gemischtem Hackfleisch können Sie auch Thüringer Mett (gewürztes Schweinehackfleisch) verwenden.*

Gemüsetorte mit Tacos

Zutaten

175 g Weizenmehl
1 Msp. Backpulver
1 Eigelb
100 g Butter
Salz

je 1/2 gelbe und rote Paprikaschote
1 Chilischote
1 Dose Gemüsemais (Abtropfgewicht 285 g)
1 Bund Frühlingszwiebeln
2 Eier
250 ml (1/4 l) Schlagsahne
frisch gemahlener Pfeffer
Cayennepfeffer
100 g Schafskäse
30 g Butter
6 Tacoschalen

Zubereitungszeit:
60 Minuten, ohne Kühlzeit

Pro Portion:
E: 23 g, F: 74 g, Kh: 86 g, kJ: 4630, kcal: 1107

RAFFINIERT

1 Für den Teig das Mehl mit Backpulver mischen und in eine Rührschüssel sieben. Eigelb, Butter und etwas Salz hinzufügen. Die Zutaten mit Handrührgerät mit Knethaken zunächst kurz auf niedrigster, dann auf höchster Stufe gut durcharbeiten.

2 Das Ganze anschließend auf der bemehlten Arbeitsfläche zu einem glatten Teig verkneten. Den Teig etwa 60 Minuten kalt stellen.

3 Für den Belag Paprika entkernen, die weißen Scheidewände entfernen, die Schoten waschen und in Streifen schneiden. Chilischote halbieren, entkernen, entstielen, waschen und in Streifen schneiden.

4 Den Mais auf einem Sieb abtropfen lassen. Frühlingszwiebeln putzen, waschen und in Scheiben schneiden. Das vorbereitete Gemüse miteinander vermengen.

5 Den Teig auf einer bemehlten Arbeitsfläche zu einer runden Platte (Ø 34 cm) ausrollen, eine gefettete Farmhaus-Quiche-Form damit auskleiden, den Rand etwas andrücken. Die vorbereiteten Zutaten auf dem Boden verteilen.

6 Die Eier mit Sahne verschlagen und mit Salz, Pfeffer und Cayennepfeffer würzen. Den Schafskäse zerbröckeln, unterrühren und die Masse auf das Gemüse geben. Die Butter in Flöckchen darauf setzen. Die Form auf dem Rost in den kalten Backofen schieben.

Ober-/Unterhitze: etwa 200 °C
Heißluft: etwa 180 °C
Gas: Stufe 3–4
Backzeit: etwa 40 Minuten.

7 Nach Beendigung der Backzeit die Tacoschalen längs durchbrechen, in die Oberfläche der Torte stecken (auf diese Weise 12 Tortenstücke bilden) und die Torte noch etwa 5 Minuten in den ausgeschalteten Backofen schieben.

Maisgrießauflauf

Zutaten

- 1 l Milch
- 40 g Butter
- 1 Pck. Vanillin-Zucker
- 170 g Maisgrieß
- 1 unbehandelte Orange
- 200 g getrocknete, entsteinte Pflaumen
- 6 EL brauner Rum
- 3 Eier
- 80 g Zucker
- Puderzucker

Zubereitungszeit:
2 Stunden

Pro Portion:
E: 20 g, F: 22 g, Kh: 103 g, kJ: 3207, kcal: 765

FÜR GÄSTE

1 Milch mit Butter und Vanillin-Zucker in einem Topf aufkochen. Maisgrieß unter Rühren einstreuen, unter Rühren etwa 3 Minuten kochen und abkühlen lassen.

2 Die Orange heiß abspülen, trockentupfen, die Schale in dünnen Streifen ablösen und fein schneiden. Pflaumen, Rum und Orangenschale mischen und zugedeckt etwa 40 Minuten durchziehen lassen.

3 Die Eier trennen. Eiweiß mit 30 g des Zuckers steif schlagen. Eigelb und den restlichen Zucker zu einer weißen Creme aufschlagen. Den abgekühlten Grieß nach und nach unter die Eigelbcreme rühren. Zum Schluss den Eischnee unterheben.

4 Die Hälfte der Grießmasse in den gewässerten Römertopf füllen. Die marinierten Pflaumen mit der Flüssigkeit darauf geben und mit der übrigen Grießmasse bedecken. Den Topf mit dem Deckel verschließen und auf dem Rost in den kalten Backofen schieben.

Ober-/Unterhitze: etwa 200 °C
Heißluft: etwa 180 °C
Gas: Stufe 3–4
Garzeit: etwa 75 Minuten.

5 Den fertigen Auflauf mit Puderzucker bestäuben und servieren.

Tipp: *Soll der Grießauflauf für Kinder zubereitet werden, den Rum durch Fruchtsaft, wie z. B. Orangensaft, ersetzen.*

Schokoauflauf mit Amarettini

Zutaten

200 g Zartbitterschokolade
100 g Amarettini (italienisches Makronengebäck)
4 Eier (Größe M)
50 g Zucker
100 ml Schlagsahne
1 Prise Salz
30 g abgezogene, gehobelte Mandeln

Zubereitungszeit:
60 Minuten

Pro Portion:
E: 15 g, F: 36 g, Kh: 58 g, kJ: 2686, kcal: 641

FÜR GÄSTE

1 Schokolade in Stücke brechen, in einem kleinen Topf im Wasserbad bei schwacher Hitze zu einer geschmeidigen Masse verrühren und abkühlen lassen.

2 Amarettini in einen Gefrierbeutel geben, den Beutel verschließen und die Amarettini mit der Teigrolle grob zerdrücken.

3 Eier trennen. Eigelb und 25 g Zucker mit Handrührgerät mit Rührbesen zu einer dicken Creme aufschlagen. Sahne unterrühren. Eiweiß mit Salz steif schlagen, dabei den restlichen Zucker nach und nach einrieseln lassen.

4 Die abgekühlte, flüssige Schokolade unter die Eigelbcreme rühren. Eischnee und Amarettinibrösel vorsichtig unterheben.

5 Die Masse in den gewässerten Römertopf füllen und mit Mandeln bestreuen. Den Römertopf mit dem Deckel verschließen und auf dem Rost in den kalten Backofen schieben.

Ober-/Unterhitze: etwa 200 °C
Heißluft: etwa 180 °C
Gas: Stufe 3–4
Garzeit: etwa 45 Minuten.

Tipp: *Den Schokoladenauflauf mit Vanilleeis oder halbsteif geschlagener Vanillesahne servieren.*
Achtung, der Auflauf fällt nach dem Backen etwas zusammen.

Palatschinkenauflauf

Zutaten

- 200 g Weizenmehl
- 3 Eigelb
- 1 Prise Salz
- 375 ml (3/8 l) Milch
- 3 Eiweiß
- 100 g Butter oder Margarine

- 50 g weiche Butter oder Margarine
- 75 g Zucker
- 1 Pck. Vanillin-Zucker
- 2 Eigelb
- abgeriebene Schale von 1 Zitrone (unbehandelt)
- 1 EL Zitronensaft
- 250 g Magerquark
- 50 g Rosinen

- 2 Eiweiß
- 125 ml (1/8 l) Schlagsahne
- 1 Pck. Vanillin-Zucker
- 2 Eigelb

Zubereitungszeit:
75 Minuten

Pro Portion:
E: 26 g, F: 61 g, Kh: 77 g, kJ: 4170, kcal: 996

RAFFINIERT

1 Für den Teig Mehl mit Eigelb, Salz und Milch verrühren. Das Eiweiß steif schlagen und unterheben. Für jeden Palatschinken etwas von der Butter oder Margarine in einer Pfanne zerlassen, nacheinander 8 Palatschinken darin backen und erkalten lassen.

2 Für die Füllung Butter oder Margarine schaumig rühren. Nach und nach Zucker, Vanillin-Zucker und Eigelb unterrühren. Zitronenschale, Zitronensaft, Quark und Rosinen dazugeben und alles gut verrühren.

3 Die Palatschinken gleichmäßig mit der Füllung bestreichen, aufrollen und in den gewässerten Römertopf legen.

4 Für den Belag Eiweiß und Sahne getrennt steif schlagen. Vanillin-Zucker und Eigelb verrühren und das steif geschlagene Eiweiß unterheben.

5 Die Sahne unterheben und die Masse über die Palatschinken verteilen. Den Römertopf mit dem Deckel verschließen, auf dem Rost in den kalten Backofen schieben.

Ober-/Unterhitze: 200–220 °C
Heißluft: 180–200 °C
Gas: Stufe 4–5
Garzeit: etwa 40 Minuten.

Tipp: *Palatschinken ist der österreichische Begriff für Mehlpfannkuchen.*

Ananas-Feigen-Auflauf

Zutaten

- 60 g Pinienkerne
- 260 g Ananasstücke aus der Dose (entspricht ½ großen Dose)
- 1 Limone (unbehandelt)
- 1 Tüte Soft-Feigen (200 g)
- 4 Eier (Größe M)
- 50 g Zucker
- 6 EL Schlagsahne
- 1 Pck. Vanillin-Zucker
- 50 g Weizenmehl

Zubereitungszeit:
90 Minuten

Pro Portion:
E: 17 g, F: 22 g, Kh: 60 g, kJ: 2241, kcal: 536

RAFFINIERT

1 Pinienkerne fein hacken, in einer Pfanne ohne Fett rösten und abkühlen lassen.

2 Ananasstücke in einem Sieb abtropfen lassen. Limone heiß abspülen und trockenreiben. Die Schale dünn abreiben und die Limone auspressen. Von den Feigen die Stiele abschneiden und Feigen in Streifen schneiden.

3 Eier trennen. Eigelb und Zucker mit Handrührgerät mit Rührbesen zu einer dicken Creme aufschlagen. Sahne unterrühren. Eiweiß mit Vanillin-Zucker steif schlagen.

4 Ananasstücke in Mehl wenden und unter die Eigelbcreme heben. Pinienkerne, Limonenschale und -saft, Feigen unterrühren. Eischnee unterheben. Die Masse in den gewässerten Römertopf füllen. Den Römertopf mit dem Deckel verschließen und auf dem Rost in den kalten Backofen schieben.

Ober-/Unterhitze: etwa 200 °C
Heißluft: etwa 180 °C
Gas: Stufe 3–4
Garzeit: etwa 60 Minuten.

Tipp: *Dazu passt Preiselbeerkompott. Wenn Sie keine Soft-Feigen bekommen, können Sie auch andere getrocknete Feigen verwenden.*

Ofenschlupfer

Zutaten

600 g gemischte TK-Beeren
5 altbackene Brötchen (Semmeln)
250 ml (1/4 l) heiße Milch
75 g weiche Butter
100 g Zucker
1 Pck. Vanillin-Zucker
4 Eigelb
40 g gemahlene Haselnusskerne
abgeriebene Schale von 1/2 Zitrone (unbehandelt)
4 Eiweiß
1 EL Semmelbrösel
40 g Butter
Puderzucker

Zubereitungszeit:
75 Minuten

Pro Portion:
E: 17 g, F: 39 g, Kh: 84 g, kJ: 3260, kcal: 779

FÜR KINDER

1 Die Beeren auftauen und gut abtropfen lassen, dabei den Saft auffangen. Die Brötchen in feine Scheiben schneiden, mit der Milch übergießen und einweichen lassen.

2 Die Butter gut verrühren. Zucker, Vanillin-Zucker und Eigelb nach und nach unterrühren. Haselnusskerne und Zitronenschale unterrühren.

3 Eiweiß steif schlagen und unterheben. Die eingeweichten Brötchen gut mit der Nussmasse vermengen. Brötchenmasse und Beeren abwechselnd in den gewässerten Römertopf schichten, die letzte Schicht sollte aus Brötchenmasse bestehen.

4 Semmelbrösel darüber streuen und die Butter in Flöckchen darauf verteilen. Den Römertopf mit dem Deckel verschließen und auf dem Rost in den kalten Backofen schieben.

Ober-/Unterhitze: 200–220 °C
Heißluft: 180–200 °C
Gas: etwa Stufe 4
Garzeit: etwa 60 Minuten.

5 Den garen Ofenschlupfer auf Teller verteilen und jede Portion mit Puderzucker bestäubt servieren.

Tipp: *Dazu schmeckt Vanillesauce. Anstatt Beerenobst kann auch dieselbe Menge geschälte, in Scheiben geschnittene Äpfel genommen werden.*

Rhabarberkompott mit Spätzlehaube

Zutaten

750 g Rhabarber
1 Pck. Pudding-Pulver Vanille-Geschmack (zum Kochen)
170 g Zucker
2–3 EL Erdbeerkonfitüre
200 g getrocknete Spätzle
½ TL gemahlener Zimt
40 g Butter

Zubereitungszeit:
75 Minuten

Pro Portion:
E: 8 g, F: 10 g, Kh: 93 g, kJ: 2130, kcal: 508

FÜR GÄSTE

1 Rhabarber putzen, waschen (nicht schälen) und in etwa 2 cm lange Stücke schneiden. Rhabarber, Pudding-Pulver, 100 g Zucker und Erdbeerkonfitüre verrühren und in den gewässerten Römertopf füllen.

2 Den Römertopf mit dem Deckel verschließen und auf dem Rost in den kalten Backofen schieben.

Ober-/Unterhitze: etwa 200 °C
Heißluft: etwa 180 °C
Gas: Stufe 3–4
Garzeit: etwa 50 Minuten.

3 In der Zwischenzeit Spätzle leicht brechen, in reichlich Salzwasser etwa 15 Minuten kochen und in einem Sieb gut abtropfen lassen.

4 Den restlichen Zucker mit Zimt mischen. Die gekochten Spätzle mit Butter und ⅓ des Zimtzuckers mischen.

5 Nach etwa 40 Minuten Garzeit das Rhabarberkompott durchrühren. Die Spätzle darauf verteilen, mit dem restlichen Zimtzucker bestreuen und alles ohne Deckel fertig garen.

Tipp: *Bei ganz frischem Rhabarber ist keine Flüssigkeitszugabe nötig. Falls der Rhabarber etwas länger gelagert wurde, evtl. zusätzlich 3 Esslöffel Wasser untermischen.*

Backobst mit Hefebuchteln

Zutaten

1 Ananas (900 g = 500 g Fruchtfleisch)
1 Limone (unbehandelt)
200 g gemischtes Backobst
50 g brauner Zucker
$^1/_2$ Würfel (21 g) frische Hefe
6 EL Wasser
300 g Weizenmehl
125 ml ($^1/_8$ l) lauwarme Milch
40 g Zucker
75 g zerlassene, abgekühlte Butter
125 ml ($^1/_8$ l) Wasser
2 EL Puderzucker
Minzeblättchen

Zubereitungszeit:
100 Minuten, ohne Teiggehzeit

Pro Portion:
E: 11 g, F: 18 g, Kh: 108 g, kJ: 2781, kcal: 664

RAFFINIERT

1 Die Ananas schälen, längs achteln, dabei die holzige Mitte herausschneiden und das Fruchtfleisch in Stücke schneiden. Die Limone heiß abspülen, abtrocknen, die Schale dünn abreiben und den Saft auspressen. Backobst und Ananas mit Zucker, Limonenschale und 3 Esslöffeln Limonensaft mischen und etwa 30 Minuten marinieren.

2 In der Zwischenzeit Hefe mit Wasser und 1 Esslöffel des Mehls verrühren und zugedeckt etwa 10 Minuten bei Zimmertemperatur stehen lassen.

3 Das übrige Mehl in eine Rührschüssel sieben. Die angerührte Hefe, Milch, Zucker und Butter dazugeben und mit Handrührgerät mit Knethaken zunächst auf niedrigster, dann auf höchster Stufe in etwa 5 Minuten zu einem Teig verarbeiten. Den Teig zugedeckt an einem warmen Ort so lange stehen lassen, bis er sich sichtbar vergrößert hat.

4 In der Zwischenzeit Ananas und Backobst mit der Marinade und Wasser in den gewässerten Römertopf füllen. Den Topf mit dem Deckel verschließen und auf dem Rost in den kalten Backofen schieben.

Ober-/Unterhitze: etwa 200 °C
Heißluft: etwa 180 °C
Gas: Stufe 3–4
Garzeit: etwa 60 Minuten.

5 Nach etwa 40 Minuten Garzeit den Teig aus der Schüssel nehmen und auf der Arbeitsfläche nochmals kurz durchkneten. Aus dem Teig walnussgroße Kugeln formen, nebeneinander auf das Obst setzen und im geschlossenen Topf weitere 20 Minuten garen.

6 Die Buchteln mit Puderzucker bestäuben und unter dem Grill (oder bei etwa 250 °C) karamellisieren lassen.

7 Das Kompott mit den Buchteln anrichten und mit Minzeblättchen garnieren.

Nektarinen-Johannisbeer-Crumble

Zutaten

150 g rote und schwarze Johannisbeeren
3–4 Nektarinen (550 g)
100 g Zucker
70 g grobe Haferflocken
70 g Weizenmehl
½ TL gemahlener Zimt
1 Prise Salz
70 g Butter

Zubereitungszeit:
60 Minuten

Pro Portion:
E: 6 g, F: 16 g, Kh: 68 g, kJ: 1910, kcal: 456

EINFACH

1 Johannisbeeren und Nektarinen waschen und gut abtropfen lassen. Johannisbeeren von den Rispen streifen. Nektarinen halbieren, entsteinen und in Spalten schneiden.

2 Johannisbeeren, Nektarinen und 50 g Zucker in dem gewässerten Römertopf mischen. Den restlichen Zucker mit Haferflocken, Mehl, Zimt, Salz und Butter zu einer krümeligen Masse verkneten und auf den Früchten verteilen.

3 Den Römertopf mit dem Deckel verschließen und auf dem Rost in den kalten Backofen schieben.

Ober-/Unterhitze: etwa 200 °C
Heißluft: etwa 180 °C
Gas: Stufe 3–4
Garzeit: etwa 40 Minuten.

4 Nach etwa 25 Minuten Garzeit den Deckel vom Römertopf nehmen und den Crumble fertig garen.

Tipp: *Anstelle der Nektarinen können Sie auch eine Dose Pfirsichhälften (Abtropfgewicht 500 g) verwenden.*

Gerolltes Weizenbrot

Zutaten

Für den Hefeteig:
1 Pck. frische Hefe (42 g)
300 ml lauwarmes Wasser
1 TL Zucker
350 g Weizenmehl (Type 550)
150 g Weizenvollkornmehl
2 gestr. TL Salz

Für die Füllung:
1 Bund Frühlingszwiebeln (120 g)
40 g Butter
100 g Buchweizenkörner (Reformhaus)
Salz
½ Bund glatte Petersilie, gehackt

Speiseöl für die Form

Zubereitungszeit:
60 Minuten, ohne Teiggehzeit

Insgesamt:
E: 70 g, F: 43 g, Kh: 428 g, kJ: 10484, kcal: 2505

FÜR GÄSTE

1 Für den Teig Hefe mit 200 ml Wasser, Zucker und 1 Esslöffel des Weizenmehls verrühren, und zugedeckt etwa 15 Minuten bei Zimmertemperatur stehen lassen.

2 Restliches Weizenmehl, Weizenvollkornmehl und Salz in einer Rührschüssel mischen und in die Mitte eine Mulde drücken. Angerührte Hefe und restliches Wasser dazugeben und mit Handrührgerät mit Knethaken zunächst auf niedrigster, dann auf höchster Stufe in etwa 5 Minuten zu einem glatten Teig verarbeiten. Den Teig mit etwas Mehl bestäuben und zugedeckt an einem warmen Ort so lange stehen lassen, bis er sich sichtbar vergrößert hat.

3 Für die Füllung Frühlingszwiebeln putzen, waschen, längs halbieren und in schmale, halbe Ringe schneiden. Petersilie abspülen, trockentupfen, die Blättchen von den Stängeln zupfen und hacken.

4 Butter in einem Topf erhitzen. Buchweizen darin zugedeckt bei schwacher Hitze 10 Minuten dünsten. Frühlingszwiebeln unterheben und alles mit Salz würzen. Petersilie unterheben und die Masse abkühlen lassen.

5 Den Teig nochmals kurz durchkneten und zu einem Rechteck (50 x 25 cm) ausrollen. Die Füllung darauf verteilen und den Teig von der kurzen Seite her aufrollen. Die gewässerte Römertopf-Brotbackform mit Öl einpinseln. Den Teig hineinlegen und mehrmals schräg einschneiden, nochmals gehen lassen (mindestens 30 Minuten).

6 Die Römertopf-Brotbackform dann auf dem Rost in den kalten Backofen schieben.

(Fortsetzung Seite 142)

(Fortsetzung von Seite 140)

Ober-/Unterhitze: etwa 200 °C
Heißluft: etwa 180 °C
Gas: Stufe 3–4
Garzeit: 35–40 Minuten.

7 Das Brot 5 Minuten in der Form abkühlen lassen, es dann aus der Form nehmen und auf einem Kuchenrost erkalten lassen.

Gemischtes Flockenbrot

Zutaten

Für den Hefeteig:
½ Pck. frische Hefe (21 g)
250 ml (¼ l) lauwarmes Wasser
1 TL Zucker
350 g Weizenmehl (Type 1050)
1 TL gemahlener Koriander
½ TL gemahlener Kümmel
½ TL gemahlener Anis
150 g 6-Korn-Flocken (Reformhaus)
½ Pck. Sauerteig-Extrakt (etwa 7 g, Reformhaus)
2 gestr. TL Salz
3 EL Speiseöl

Speiseöl für die Form

Zubereitungszeit:
60 Minuten, ohne Teiggehzeit

Insgesamt:
E: 67 g, F: 44 g, Kh: 336 g, kJ: 8885, kcal: 2121

RAFFINIERT

1 Für den Teig Hefe mit 150 ml Wasser, Zucker und 1 Esslöffel des Mehls verrühren und zugedeckt etwa 15 Minuten bei Zimmertemperatur stehen lassen.

2 Das restliche Mehl in eine Rührschüssel geben, mit Koriander, Kümmel, Anis, Flockenmischung, Sauerteig-Extrakt und Salz vermischen und in die Mitte eine Mulde drücken. Die angerührte Hefe, restliches Wasser und Öl hinzufügen. Die Zutaten mit Handrührgerät mit Knethaken in etwa 5 Minuten zu einem glatten Teig verarbeiten. Den Teig mit etwas Mehl bestäuben und zugedeckt an einem warmen Ort so lange stehen lassen, bis er sich sichtbar vergrößert hat (etwa 40 Minuten).

3 Den Teig nochmals kurz durchkneten und zu einer etwa 24 cm langen Rolle formen. Die gewässerte Römertopf-Brotbackform mit Öl einpinseln. Den Teig hineinlegen und nochmals zugedeckt an einem warmen Ort so lange stehen lassen, bis er sich sichtbar vergrößert hat.

4 Die Römertopf-Brotbackform auf dem Rost in den kalten Backofen schieben.

Ober-/Unterhitze: etwa 200 °C
Heißluft: etwa 180 °C
Gas: Stufe 3–4
Backzeit: 35–40 Minuten.

5 Das Brot 5 Minuten in der Form abkühlen lassen, es dann aus der Form nehmen und auf einem Kuchenrost erkalten lassen.

Buchweizen-Dinkel-Brot

Zutaten

Für den Hefeteig:
½ Pck. frische Hefe (21 g)
200 ml lauwarmes Wasser
1 TL Zucker
350 g Dinkel-Vollkornmehl
150 g Buchweizen-Vollkornmehl (Reformhaus)
1 TL gemahlener Koriander
½ TL gemahlener Anis
2 TL Salz
150 ml lauwarme Milch

Speiseöl für die Form
etwas Milch
Buchweizenschrot

Zubereitungszeit:
60 Minuten, ohne Teiggehzeit

Insgesamt:
E: 69 g, F: 29 g, Kh: 335 g, kJ: 8295, kcal: 1980

GUT VORZUBEREITEN

1 Für den Teig Hefe mit Wasser, Zucker und 1 Esslöffel des Dinkelmehls verrühren und zugedeckt etwa 15 Minuten bei Zimmertemperatur stehen lassen.

2 Restliches Dinkel- und Buchweizenmehl in eine Rührschüssel geben, mit Koriander, Anis und Salz vermischen und in die Mitte eine Mulde drücken. Die angerührte Hefe und Milch hineingeben. Die Zutaten mit Handrührgerät mit Knethaken in etwa 5 Minuten zu einem glatten Teig verarbeiten.

3 Den Teig mit etwas Mehl bestäuben und zugedeckt an einem warmen Ort so lange stehen lassen, bis er sich sichtbar vergrößert hat (etwa 40 Minuten).

4 Den Teig aus der Schüssel nehmen, auf der bemehlten Arbeitsfläche nochmals kurz durchkneten und zu einer etwa 24 cm langen Rolle formen.

5 Die gewässerte Römertopf-Brotbackform mit Öl einpinseln. Den Teig hineinlegen, mit Milch bestreichen und mit Buchweizenschrot bestreuen. Den Teig zugedeckt nochmals an einem warmen Ort stehen lassen, bis er sich sichtbar vergrößert hat (mindestens 40 Minuten).

6 Die Römertopf-Brotbackform auf dem Rost in den kalten Backofen schieben.

Ober-/Unterhitze: etwa 200 °C
Heißluft: etwa 180 °C
Gas: Stufe 3–4
Backzeit: 35–40 Minuten.

7 Das Brot 5 Minuten in der Form abkühlen lassen, es dann aus der Form nehmen und auf einem Kuchenrost erkalten lassen.

RÖMERTOPF

Roggenmischbrot mit Sesam

Zutaten

125 g Roggenvollkornschrot
250 g Weizenmehl (Type 550)
1 Pck. Trockenhefe
1 TL Zucker
1 TL Salz
200 ml lauwarmes Wasser
50 ml Speiseöl
40 g Sesamsamen

Zubereitungszeit:
2 1/4 Stunden

Insgesamt:
E: 52 g, F: 75 g, Kh: 266 g, kJ: 8503, kcal: 2026

GUT VORZUBEREITEN

1 Roggenvollkornschrot und Mehl in eine Rührschüssel geben und mit der Hefe sorgfältig vermischen. Zucker, Salz, Wasser und Öl hinzufügen. Die Zutaten mit Handrührgerät mit Knethaken zunächst auf niedrigster, dann auf höchster Stufe in etwa 5 Minuten zu einem Teig verarbeiten.

2 Den Teig zugedeckt an einem warmen Ort so lange stehen lassen, bis er sich sichtbar vergrößert hat. Ihn dann leicht mit Mehl bestäuben, aus der Schüssel nehmen und auf der Arbeitsfläche kurz durchkneten.

3 Den gewässerten Römertopf fetten, mit Sesam ausstreuen und den Teig hineingeben. Die Oberfläche des Teiges mit Wasser bestreichen und mit dem restlichen Sesam bestreuen.

4 Den Römertopf mit dem Deckel verschließen und den Teig nochmals an einem warmen Ort so lange stehen lassen, bis er sich sichtbar vergrößert hat. Den geschlossenen Römertopf dann auf dem Rost (unterste Schiene) in den kalten Backofen schieben.

Ober-/Unterhitze: 200–230 °C
Heißluft: 180–200 °C
Gas: Stufe 4–5
Garzeit: etwa 65 Minuten.

5 Das fertige Brot aus dem Römertopf nehmen und auf einem Kuchenrost erkalten lassen.

Tipp: *Anstelle von Sesamsamen den Römertopf mit Mohnsamen oder Weizenkleie ausstreuen.*
Das Roggenmischbrot kann auch in einem kleinen Römertopf für 2–4 Personen gebacken werden.

Dinkel-Speck-Brot

Zutaten

Für den Hefeteig:
1 Pck. frische Hefe (42 g)
150 ml lauwarmes Wasser
1 TL Zucker
500 g Dinkel-Vollkornmehl
150 g durchwachsener Speck
1 TL gemahlener Kümmel
1 TL Salz
500 g Magerquark

Vollkornmehl
Speiseöl für die Form

Zubereitungszeit:
60 Minuten, ohne Teiggehzeit

Insgesamt:
E: 144 g, F: 121 g, Kh: 329 g, kJ: 13238, kcal: 3159

FÜR GÄSTE

1 Für den Teig Hefe mit Wasser, Zucker und 1 Esslöffel des Mehls verrühren und zugedeckt etwa 15 Minuten bei Zimmertemperatur stehen lassen.

2 Speck in kleine Würfel schneiden. Das restliche Mehl in eine Rührschüssel geben, mit Speckwürfeln, Kümmel und Salz vermischen und in die Mitte eine Mulde drücken. Die angerührte Hefe und den Quark hineingeben. Die Zutaten mit Handrührgerät mit Knethaken in etwa 5 Minuten zu einem glatten Teig verarbeiten.

3 Den Teig mit etwas Mehl bestäuben und zugedeckt an einem warmen Ort so lange stehen lassen, bis er sich sichtbar vergrößert hat (etwa 40 Minuten).

4 Den Teig aus der Schüssel nehmen, auf der bemehlten Arbeitsfläche nochmals kurz durchkneten und zu einer etwa 24 cm langen Rolle formen.

5 Die gewässerte Römertopf-Brotbackform mit Öl einpinseln. Den Teig hineinlegen und zugedeckt nochmals an einem warmen Ort stehen lassen, bis er sich sichtbar vergrößert hat (mindestens 30 Minuten).

6 Die Römertopf-Backform auf dem Rost in den kalten Backofen schieben.

Ober-/Unterhitze: etwa 200 °C
Heißluft: etwa 180 °C
Gas: Stufe 3–4
Backzeit: 35–40 Minuten.

7 Das Brot 5 Minuten in der Form abkühlen lassen, es dann aus der Form nehmen und auf einem Kuchenrost erkalten lassen.

Süßes Nussbrot

Zutaten

Für den Hefeteig:
70 g ungesalzene Erdnusskerne
40 g Haselnusskerne
80 g Zucker
½ Pck. frische Hefe (21 g)
250 ml (¼ l) lauwarmes Wasser
500 g Weizenmehl (Type 550)
1 gestr. TL Salz
40 g weiche Butter

Weizenmehl
Speiseöl für die Form

Zubereitungszeit:
60 Minuten, ohne Abkühl- und Teiggehzeit

Insgesamt:
E: 79 g, F: 97 g, Kh: 448 g, kJ: 13052, kcal: 3120

ZUM VERSCHENKEN

1 Für den Teig Erdnuss- und Haselnusskerne hacken und in einer Pfanne ohne Fett goldbraun rösten. Die Hälfte des Zuckers auf die Nüsse streuen und schmelzen lassen. Die Masse abkühlen lassen.

2 Hefe mit Wasser, 1 Teelöffel des restlichen Zuckers und 1 Esslöffel des Mehls verrühren und zugedeckt etwa 15 Minuten bei Zimmertemperatur stehen lassen.

3 Das restliche Mehl in eine Rührschüssel geben, mit dem restlichen Zucker, Salz und der Nussmasse mischen und in die Mitte eine Mulde drücken. Die angerührte Hefe und Butter hineingeben. Die Zutaten mit Handrührgerät mit Knethaken in etwa 5 Minuten zu einem Teig verarbeiten.

4 Den Teig mit etwas Mehl bestäuben und zugedeckt an einem warmen Ort so lange stehen lassen, bis er sich sichtbar vergrößert hat (etwa 40 Minuten).

5 Den Teig aus der Schüssel nehmen, auf der bemehlten Arbeitsfläche nochmals kurz durchkneten und zu einer etwa 24 cm langen Rolle formen.

6 Die gewässerte Römertopf-Brotbackform mit Öl einpinseln. Den Teig hineinlegen und zugedeckt nochmals an einem warmen Ort stehen lassen, bis er sich sichtbar vergrößert hat (mindestens 30 Minuten).

7 Die Römertopf-Brotbackform auf dem Rost in den kalten Backofen schieben.

Ober-/Unterhitze: etwa 200 °C
Heißluft: etwa 180 °C
Gas: Stufe 3–4
Backzeit: 35–40 Minuten.

8 Nach Beendigung der Backzeit das Brot noch etwa 10 Minuten im ausgeschalteten Backofen stehen lassen. Es dann 5 Minuten in der Form abkühlen lassen, aus der Form nehmen und auf einem Kuchenrost erkalten lassen.

Ratgeber

Deckel auf, Zutaten hinein, Deckel zu – und ab mit dem Römertopf in den Backofen. So einfach ist das. Fast. Ein paar Kleinigkeiten sollte man schon noch berücksichtigen, will man das irdene Geschirr richtig handhaben. Das besondere Material erfordert eben auch besondere „Umgangsformen". Nichts, was kompliziert wäre, denn das widerspräche ja der genialen, weil einfachen Idee des Römertopfes. Trotzdem sollte man sich vor der Erstbenutzung die Tipps des Herstellers durchlesen.
Was es außerdem noch zu beachten gilt, bevor man sich dem „Genuss ohne Reue" hingibt, verrät Ihnen unser kleiner Ratgeber.

Garen im Römertopf

Das Garen im Römertopf hat eine lange Tradition – und das zu Recht. In ihm können Speisen mit einem Minimum an Flüssigkeit oder ganz ohne gegart werden.
Saft, Aroma, Geschmack, Nährstoffe und Vitamine der Speisen bleiben weitgehend erhalten. Sie werden nicht mit überschüssigem Kochwasser abgegossen.
Der Römertopf ermöglicht das Garen fast aller Gerichte ohne Fett und ist damit auch vorzüglich für die Zubereitung von Schonkost geeignet. Lediglich bei trockenen Fleischsorten empfiehlt sich ein geringer Fettzusatz. Auch durch das Belegen des Fleisches mit Speckscheiben lässt sich ein Austrocknen des Fleisches verhindern. Der Speck kann nach der Garzeit entfernt werden. Wenn in den Rezepten das Bestreichen der Fleischstücke oder des Römertopfes mit Butter oder Öl angegeben wird, kann aus Diätgründen auch darauf verzichtet werden. Der Bratensatz lässt sich gut mit einem Pinsel vom Topfrand lösen.
Der poröse Ton ermöglicht einen völlig naturgemäßen Garvorgang. Das Wasser in den Tonporen schafft zudem bei der langsamen Erwärmung eine milde Dunstschicht, die sich sowohl im Inneren als auch außerhalb des Topfes verbreitet. Dadurch kann z. B. Braten eine Kruste bekommen, ohne auszutrocknen. Eintöpfe und Aufläufe lassen den Geschmack aller Ingredienzien vollkommen verschmelzen. Suppen köcheln langsam vor sich hin, ohne zu verkrusten.

Die Original Römertöpfe sind an den Bratstegen auf dem Boden erkennbar. Diese verhindern den direkten Kontakt zwischen Bratgut und Flüssigkeit, so dass es gleichmäßig von allen Seiten bräunen kann. Die beiden Hälften des Topfes sitzen mit einem breiten Rand aufeinander und halten so gut zusammen. Der Deckel kann nicht mehr kippen. Ein kleiner Spalt von 2–4 mm zwischen Ober- und Unterteil des Römertopfes muss jedoch bleiben, damit der Druck im Topf reguliert wird und überschüssiger Dampf entweichen kann.

Ratgeber

Vor dem ersten Gebrauch

Ein neuer Römertopf sollte trocken ausgebürstet werden, damit sich der evtl. noch anhaftende Tonstaub löst. Anschließend den Topf für mindestens 30 Minuten in kaltes Wasser legen. An manchen neuen Töpfen haftet aufgrund unsachgemäßer Lagerung ein schwacher Geruch. Um zu verhindern, dass er auf Lebensmittel übergeht, reibt man die Form von innen mit einer halben Zwiebel aus, füllt sie halbvoll mit Wasser und stellt sie für mindestens 1 Stunde bei 100 °C in den Backofen.

Handhabung und Pflege

- Vor jeder Benutzung müssen der Topf und besonders auch der Deckel gewässert werden. Wenn Sie wenig Zeit haben, genügt es schon, Topf und Deckel oder auch nur den Deckel etwa 30 Sekunden unter fließendes kaltes Wasser zu halten. Die Poren nehmen in dieser Zeit ausreichend Wasser auf. Damit Sie immer daran denken, haben wir in jedem Rezept noch einmal darauf hingewiesen. Bei Suppen und Eintöpfen, die sowieso viel Wasser enthalten, genügt diese Zeit. Besser ist es, den Topf für etwa 15 Minuten komplett in ein Becken mit Wasser zu geben. Bei Fleisch und insbesondere bei den trockenen Fleischsorten wie Rind oder Hase empfiehlt es sich, die Form länger zu wässern; zu lang kann es nie sein, zu kurz dagegen leicht.

- Der Original Römertopf darf nur im Backofen verwendet werden. Nicht auf die heiße Herdplatte oder auf offenes Feuer setzen.

- Geben Sie niemals kalte Flüssigkeit während des Garens in den Topf, die Form kann sonst zerspringen. Umgekehrt sollte auch keine heiße oder gar kochende Flüssigkeit in den kalten Topf gegeben werden.

- Grundsätzlich müssen alle Speisen in der geschlossenen Form gegart werden. Nur zum Überbacken oder für das zusätzliche Überkrusten von Braten kann der Deckel 10–15 Minuten vor Garende abgenommen werden. Durch das Garen mit Deckel ergibt sich auch ein weiterer Vorteil des Römertopfes: aus der Tonform heraus kann nichts in den Backofen spritzen, so dass dieser sauber bleibt.

Ratgeber

- Wenn Sie erstmals mit den Römertopf arbeiten, prüfen Sie zu Beginn, ob die Gerichte in der angebenen Zeit gar werden. Die Temperaturen und Aufheizzeiten variieren bei den unterschiedlichen Herden beträchtlich. Experimentieren Sie ruhig ein wenig und probieren Sie eigene Rezepte aus. Lassen Sie dabei die Gerichte lieber ein wenig zu lange im Backofen, es schadet ihnen nicht.

- Wenn Sie den heißen Römertopf aus dem Backofen nehmen, denken Sie daran, dass der Römertopf empfindlich gegen plötzliche Temperaturänderungen ist. Stellen Sie die Form deshalb entweder auf ein Kuchenrost, auf ein Holzbrett oder auf ein zusammengelegtes, trockenes Handtuch.

- Nach Gebrauch reinigen Sie den Topf mit heißem Wasser, ein paar Tropfen mildem Spülmittel und einer Bürste. Nach etwa 50maliger Benutzung sollten Sie ihn eine halbe Stunde lang in Essigwasser auskochen. Die Poren sind dann wieder völlig frei und atmungsaktiv.

- Ein Römertopf darf niemals an einem feuchten, muffigen Ort aufbewahrt werden. Am besten stellen Sie ihn – beide Hälften ineinandergestapelt – an einen luftigen Ort, an dem sich kein Küchendunst niederschlagen kann.

Ratgeber

Formen

Römertöpfe gibt es in vielen Formen und Größen. Neben schlichten Tonformen gibt es verzierte Töpfe, auch in Fisch- oder Huhnform. Bei der Wahl des Römertopfes ist zu berücksichtigen, dass die Größe den Gerichten angepasst sein soll, die man darin zubereiten will. Der Römertopf sollte nicht übervoll sein, allerdings ist es auch wenig sinnvoll, zu kleine Mengen in einer großen Form zu garen. Vor allem bei Fleisch ist dies sehr nachteilig, weil ein kleines Stück Fleisch in einem zu großen Topf nicht genug im eigenen Saft schmoren kann und zu trocken wird.
Suppen und Eintöpfe, Fleisch- und Gemüsegerichte können problemlos in ein und demselben Römertopf zubereitet werden. Fischgerichte dagegen sollten in einer speziell dafür reservierten Form gegart werden, da der Fischgeschmack unweigerlich auf andere Speisen übergeht.
Auch süße Speisen sollten in einem extra Römertopf zubereitet werden.
Neben den klassischen Römertopf-Formen gibt es eine Reihe von speziellen Töpfen. Dazu gehören der Kartoffelröster, der Knoblauchröster, die Farmhaus-Quiche-Form und die Farmhaus-Kastenform.

Garen in der Mikrowelle

Mikrowellen können – ohne viel Energie zu verlieren – auch Ton durchdringen. Deshalb kann jeder Römertopf auch in die Mikrowelle gestellt werden. Er muss nur die richtige Größe besitzen. In die kleinen Mikrowellengeräte passen eher die kleinen Formen. In einem Kombinationsgerät werden Sie jede Form unterbringen können.
Wie beim Garen im Backofen sollten auch hier Topf und Deckel oder zumindest der Deckel gewässert werden. Der Römertopf sollte immer mit dem Deckel verschlossen werden.
Da die Mikrowellen aber extrem schnell arbeiten, ist es sinnvoll, wenn Sie anfangs etwas auf dem Beobachtungsposten sind, um ein Gefühl für die neuen Garzeiten zu bekommen.

Ideale Ergebnisse in kürzester Zeit mit viel Energieersparnis erhalten Sie bei der Kombination von Mikrowelle mit Ober-/Unterhitze, Heißluft oder Gas im Backofen. Insbesondere beim Auftauen und anschließendem Weiterverarbeiten von Braten oder Speisen hat sich diese Methode bewährt. Unter der Mikrowelleneinwirkung erreicht das Gargut eine Temperatur von maximal 130 °C. Wenn der Garprozess im Backofen weitergeführt werden soll, muss dieser in etwa auf die gleiche Temperatur vorgeheizt werden.

Alphabetisches Register

Alphabetisches Register

L/M/N

O/P/R

S

T/V/W/Z

Kapitelregister

Suppen & Eintöpfe

Gemüse

Fleisch

Wild & Geflügel

Kapitelregister

Hinweis	Wenn Sie Anregungen, Vorschläge oder Fragen haben, rufen Sie unter folgenden Nummern an: 05 21/1 55 25 80 oder 0521/52 06 58 oder schreiben Sie an: Dr. Oetker Verlag KG, Redaktion Sonderprojekte, Am Bach 11, 33602 Bielefeld

Genehmigte Lizenzausgabe für den Wilhelm Heyne Verlag, München, in der Verlagsgruppe Random House GmbH.
www.heyne.de
Printed in Germany 2005

Redaktion	Jasmin Gromzik, Miriam Krampitz
Titelfoto	Thomas Diercks, Hamburg
Innenfotos	Hans-Joachim Schmidt, Hamburg Thomas Diercks, Hamburg Ulrich Kopp, Füssen Bernd Lippert, Bielefeld Norbert Toelle, Bielefeld Brigitte Wegner, Bielefeld Bernd Wohlgemuth, Hamburg
Grafisches Konzept	Björn Carstensen, Hamburg
Umschlaggestaltung	kontur:design GmbH, Bielefeld
Gestaltung	M·D·H Haselhorst, Bielefeld
Druck und Bindung	Offizin Andersen Nexö, Leipzig

ISBN 3-453-66004-8